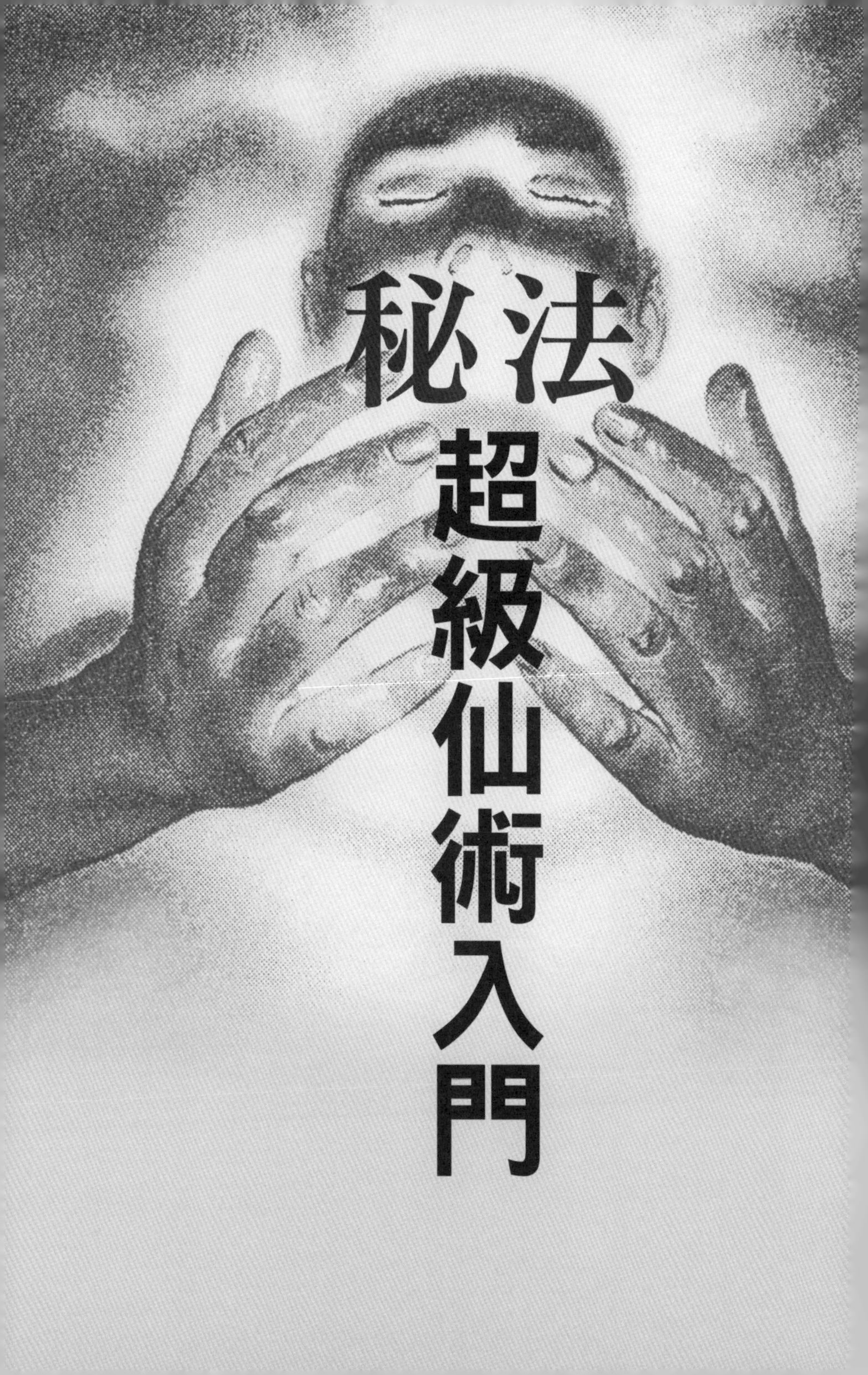
秘法
超級仙術入門

序

神仙一詞最早出現在《尚書》中，用來形容非凡能力和長壽之人。中國古代神話傳說中指「無所不能，超脫輪迴，跳出三界，長生不死」的人物。

對中國人來說，神仙所給予我們的形象，似乎是遠離塵世，隱居山中，過著吞雲吐霧以果腹的生活，而且練成長生不老之身。

在現實生活中，他們經常出現在我們家中所掛的畫中，或是寺廟裏的神像之中，遠離一切美食與美色。只要他們一施展法術，瞬間便能走到千里之遠，或者將畫中人像變為真人，或者將一捆稻草變成真馬。有時候運神聚「氣」，當「氣」散開時，他的形象便在空中消逝。

神仙是「神」與「仙」的統稱，是指道教中擁有各種法力的得道人物。神仙都是居住在遠離人間的深山裏，有時會下山將他們的仙術傳與凡人，或者贈送仙丹與有緣人，據說凡人一吞下仙丹，便可變成神仙，而長命百壽。因此，自古以來，世人勤往山中尋找傳說中的仙跡，冀望自己有生之年能找到仙丹，得道成仙。

從今人的眼光來看，大多對此事抱持懷疑的態度，事實上這並非幻想，因為目前便有許多運「氣」而分身的例子。

有人利用布做成人像或動物像，邊向它吹氣邊念咒的作法，也有能夠運「氣」擊碎大石頭，或者把鐵棍彎曲，或者以肚皮撐住讓載滿乘客的卡車從身上壓過去。

近十年來，廣泛流行針灸、麻醉、太極拳……等等健康法或治療法，這些都是從仙術分出來的。

由於仙術分別出現在中國許多文化領域之中，因此，到目前為止，對於它的全貌，世人只有模糊的概念而已！譬如，大多數人只是經由文學記載或健康法認識它。目前，「道」流行於歐美各地。何謂「道」？所謂「道」乃老莊哲學中最玄的部分，也是仙術中最奧妙之處，歐美人士所追求的道，不過是站在文學或哲學的觀點來追求而已，還未到掌握精髓的境界。

事實上，「道」非虛無之物，所謂「道」乃追求人類可能性之道，若不能了解它的奧妙面與超能力的話，就無法領悟道的真諦。

本書的目的在於從各種角度介紹「仙術」的全貌，同時配合目前發生的實例作詳細說明。

內容由最基礎的「小周天」訓練法，漸漸進入最高的「靈魂出竅」階段。作者積數年分析、整理工作所得的結論，加上親身體驗的經驗寫成本書。寫作時，已將不合理部分刪除，希望這本著作能帶予各位棉薄助益。

目錄

第一章

體會天地間奧秘

——神秘的仙術

擁有奇妙仙術的超人

【超乎生死的神仙】

古時候，擁有神秘力量的神仙，利用他們敏銳的觀察力，認識天地自然界間存在之「氣」，編成一套利用天地之「氣」的法術。

有些神仙利用運「氣」功夫，使自己能夠長生不老；有些神仙吸取天地自然間眞「氣」，即使不吃飯也能維持生存；有些神仙則練成隱形術。這些神仙都是經由長期修行後，才練成長生不老的。

《莊子》書中載有位彭祖，在夏朝即已學得仙術，一直活到殷朝，大約有七百六十四歲高齡。

又傳說有位白石先生活了二千歲，平常他並不學習升天之術，而採「房中術」修行法（仙術之一，較重視人丹法）。

八仙圖。八仙包括鍾離權、呂洞賓等共八位，
每位神仙都有深莫測的仙術。

相傳八仙之一的鍾離權，於武則天時代，曾經十試純陽眞人呂洞賓，度呂成仙，還傳授呂「點石成金」的道法。據說當時他已五百歲了。

他的弟子呂洞賓，在宋、元、明代時，又將仙術傳與當時有名的修行者，傳說最近他也在台灣出現，這麼算來他應該有一千多歲了（呂洞賓是唐代人）。

作者曾拜訪一位許進忠先生，許先生家中藏有一幅李八百的神像，據說李八百已活了八百歲，至今尙存人間。

另外，太極拳始祖張三豐，也是一位神秘人物，據說其身高為七尺（二公尺十公分）且耳垂大、眼圓、鬍鬚似矛。全年只穿一件蓑衣，從不更換，有時候吃很多東西，有時候却數月不進食；有時候一天連走一千公里，有時候却連續靜坐數十天。

張三豐生於宋代死於元末，據說死後又復活，明、淸兩代時，還顯聖出現在衆弟子與信徒的面前，然後又漸漸消逝，我們稱這一類神仙爲「屍解仙」。

傳說黃帝死前，向臣下表示他將在某天屍化，結果臣下在那一天前往檢查靈柩時，裏面果然是空的。

太公望呂尙（姜子牙）也是屍解仙之一，據說，在他死後有人打開棺木檢查時，只見衣服不見屍體。

漢武帝寵幸的妃子——鈎翼夫人，在生下昭帝之後，遭人害死，死後一個月，屍體不但沒有臭味，反而散發淡淡幽香。武帝駕崩後，昭帝開棺將兩人合葬時，赫然發現棺內只有幾樣裝飾物，屍體已經不見了。

與屍解仙不同的是白日升天仙術（肉身升到空中後消逝，可曰仙術的最高峯）。東晉寧泰二年八月十五日，傳說許旌陽（許遜），「闔家飛升，雞犬悉去」，他們一家白日飛升，拔宅升天而去。

符咒派（念咒）始祖張天師（三國時的張道陵），曾在弟子和信徒面前施展白日升天仙術。

有一位陰張生神仙，運用外丹法，能將礦物混合提煉成長生不老的金丹，服下它便可白日升天。又如巫炎、馬鳴生等……都是白日升天的仙人。

白日升天的神仙。
此乃仙術最高境界，是完全超乎現實世界。

十六世紀時，媽祖在她二十九歲時也白日升天了。

中派（繼承儒教思想的仙術之一）教主黃元吉，也是一位白日升天的神仙，傳說近代有人親眼看到他。

依目擊者描述，清光緒十年間，看到他出現於四川省自流井市，並且在衆弟子與民衆面前，緩緩升天而後消失。

雖然有些神仙能夠數月不沾一滴水、不吃一口飯，有些神仙能夠屍解或白日升天，不過在希望自己能夠長生不老，並能隨心所欲行走四方這一點上，並無不同。

至於他們能否到達世人所謂的靈魂世界或死後世界，便不得而知，因爲他們行踪不定，忽隱忽現，讓人無法捉摸他們的去向。

總之，他們是超乎生死輪迴的超人。

【吸氣生存】

修行是爲了希望能長生不老，但是想達到此境界，須下很大的工夫，並非每位修行者都能成仙。

如果修行的目的，只是設法讓自己青春永駐，便不必淸修，儘可以美食秀色，隨心所欲。

不過，追求快樂並不容易，「物質萬能主義者」與現實快樂主義者們用盡智慧、絞盡腦汁後才創立他們追求快樂的修行法。

一面享樂且一面修行的修行法，稱爲「地丹法」，這種修行對後日漢醫學有頗大影響。

地丹法，傳統觀念，練丹是一個練精化氣的過程，認爲在下丹田有一個氣光球，要將這個光球練到一定程度卽結丹。也介紹許多可以食用的草藥，如大棗、生薑、山藥、茯苓……等。

此乃神農氏日食八十種毒物後所發現的藥草，並記載於《神農本草經》，流傳萬世。此書常爲後代《抱朴子》、神仙書籍或中醫書籍等引用。

懷抱年輕女子的修行法，稱爲「人丹法」（由於是在房間內修行，因此又稱作房中術），這種修行法流行於高階層王公貴子間。此修行法適合於享樂派修行者、體質虛弱者、年邁者……等，因爲這是以吸取年輕女性體內精氣，來補充自己體內不足之氣的修行法。

學會地丹法和人丹法後，尙不能謂精通仙術，必須努力再研究天丹法和練「氣」才行。

吸取充滿於天地自然之氣
作為生命的能源

致力練習「氣」功的，稱爲天丹法，這一類神仙，在中國大陸或台灣都可以發現到，比如，前面介紹的許進忠，以及後面將介紹的虞陽子都是。「氣」，是仙術最主要部分之一詳細情形留待第三章再作說明。

大清早，前往台北二二八和平公園散步時，會看到許多人在作運動，或是打太極拳、跳土風舞，偶而在矮叢林當中，看見一些人平舉雙手，緩緩移動。

不知內情的人，或許感到奇怪，事實上，他們正以手掌或身體吸取林中之「氣」。作者當時看到的是一位七十歲的老人，那位先生臉色紅潤，整個人看起來非常有精神。

有些神仙能夠只吸氣不吃飯，他們吸取充滿在天地自然間之氣，作爲身體精力的泉源。印度瑜伽者也有人作這種修行，據說，他們住在喜馬拉雅山中，每天以喝水和吸氣維生。

作者認識的朋友當中，也有這一類型人物。比如，有位在加州開業的針灸師，在開業一段日子之後才發現，自己體內「氣」在治療中無意間被病人吸走了，因此，他急著尋找解決的辦法，在偶然的機會當中，發現作者所寫有關「吸氣方法」的書籍，從中因而了解如何吸「氣」的辦法。

起初，他只想補足被病人吸去的「氣」，修行一段期間後，他想讓自己進升到不吃飯也能維持生命的吸氣修行法。

這種修行法，假使一開始就不吃飯，對於身體的損害非常大，因此，起先一天減少一餐，接著一天減少兩餐，據他表示，雖然不吃任何食物，可是肚子不餓，反而覺得精神飽滿。

除了冥想修行外，他每天仍然爲病人進行八小時的針灸工作，據他表示，現在他已經能只吸氣不吃飯了！

有些神仙能不吃任何東西，有些神仙則能不睡。這些能力並非神仙們與生俱來的先天能力，有一些平凡人也有這些先天能力。神仙之所以成爲神仙，是他們不斷修行的結果。

有位住在台灣的天主教信徒歐陽神仙表示，每一次他想躺下來睡時，頭腦總是覺得恍恍惚惚的，因此，他現在每天作四十分鐘的冥想取代睡眠，不過冥想時，外界發生什麼事他都非常清楚。

關於這一點，作者在修行時也曾有類似現象的體驗。

冥想中所領悟到的意識，晚上睡覺時，不論是淺睡或熟睡狀態，這種意識的感覺仍然存在腦中。而且，一個晚上能作好幾個夢，甚至每個夢的情形，早上起來，都能記住，頭部也不會像失眠那樣覺得昏昏的。

能進入這種狀態的修行者，不一定需要睡眠才能使精神和身體獲得休息，靜坐也能達到休息的目的，不過，作者並非鼓勵各位二十四小時不眠不睡，應隨著情況而定。練習到自由進入這種狀態時，對於理解力、記憶力和智力，有顯著的提升功效。

《抱朴子》作者葛洪，其祖父葛玄（一六四年～二四四年）也是一位神仙，人稱葛仙翁或太極左仙公。據說天氣炎熱時，他便在冰涼的池水中靜坐三天，目前有

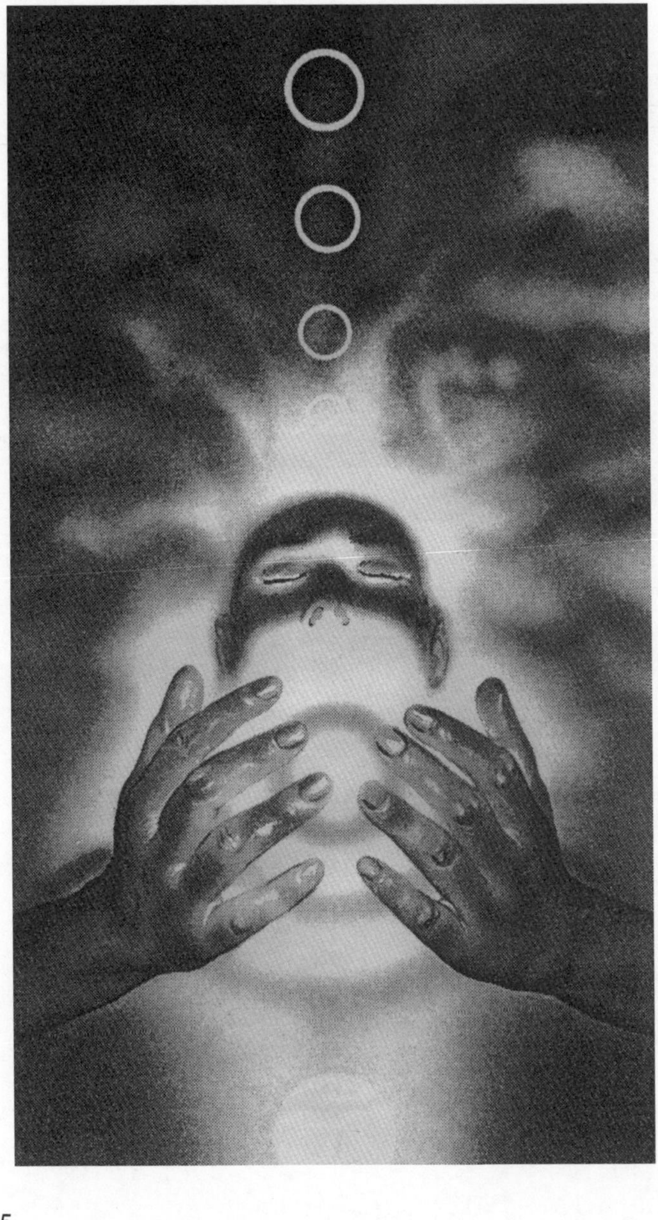

一些修行者也能夠作這種修行。

許進忠對我說，其師父虞陽子修行仙術呼吸法時，能修行到好似停止呼吸一般的「胎息」狀態。作者修行到胎息狀態前面的「眞息」狀態時，也能將呼吸間隔拉長延緩，並且每隔一段時間，停止呼吸一次，當停止呼吸時，並不覺得難受，體內反而有一股說不出的快感，而且好像自己的身體置身聒噪的塵世外一般。

停止呼吸後不久，突然因意識到自己的驚人表現，而恢復正常的呼吸，抬頭察看時鐘時，驚奇地發現，竟已停止呼吸十分鐘之久。

【神仙們令人驚奇的超能力】

睡眠、呼吸、食慾、性慾……等，爲凡人天生的本能，可是，對於神仙來說，控制它們是一件容易的事。

在中國古老的傳說中，有一種稱爲劍仙的，就是外有利劍的物象，內有剛氣的比喻。這種神仙能將自己身體之一部分變爲劍。在宋•王明清撰《玉照新志》一書中會作諸類的記載。

宋代有位名叫姜適的書生，在參加會考打道回府的路上，有頂轎子一直跟著他走，到姜適的家門口時，從轎中走出一位二十歲左右絕色美女，向姜適表示，願將終身託付他，姜適以家中已有妻室爲由，一口拒絕，可是姑娘又表示願作二房。姜適覺得很古怪，但又不忍心拒絕這位美姑娘的要求，於是將她暫置家中空屋，也好從旁觀察、考驗。

經過一年朝夕相處，姜適不知不覺對她產生愛意。可是某一天有位道士來到姜適家中對他說，住在他家的女人，是位劍仙，不久以後，她的丈夫會來找她，假使處理不當，將有災難臨頭。

當天晚上，突然從紙窗射入二把劍，飛過正在打坐的姜適頭上，隨著展開一場恐怖的打鬥。

第二天早上，地上發現一顆血淋淋的人頭，客廳的地板、桌面、椅子到處有血跡，道士拿一些藥粉灑在上頭，過了不久後，道士和客廳的血跡、人頭，一同消失，只留下那位姑娘。不過，第二天那位姑娘也向姜適告別。

又據許進忠先生表示劍仙仍存於現代。許先生向我舉個例子說，中日戰爭時，日本炮艇開進長江上游，攻擊岸邊一座村莊。

在這村莊最高的山頭，據說住了一位有名的劍仙。這位劍仙爲了拯救全村村民，便作法招來一陣霧將整個村莊蓋住，然後將他的舌頭變成一支劍，攻擊日本炮艇，日本兵見狀大吃一驚，急速退兵不敢再越雷池一步。

又如三國時代的諸葛亮，於赤壁之戰前夕，在江邊築一高壇，諸葛亮在壇上一面念咒，一面揮劍嘴裏講「東風快吹」，作法不久，果然吹起東風，蜀兵又以尾著火的箭攻擊曹兵，曹兵因而全軍覆沒，從此形成三國鼎立形勢。

這是控制氣象的法術之一，目前在台灣也有一位李蜀諭先生會此法術。李先生是位建築師，聽說他能利用修行所得的力量，加上念力和咒文，控制浮在空中的空氣，而使他的建築工作順利。

三國時代又有一位左慈神仙，聽說擅長煉丹，他的法術高深，會飛天遁地，尤擅於分身術。

有一天，曹操邀請他參加宴會，宴會中曹操突然嘆氣說：「雖有山珍海味，獨缺松江的醋浸鱸魚絲。」

一聽此言，左慈立刻命人端來一個內裝清水的銅製盆子，當他將釣線放入水中又拉起來時，赫然出現一條三尺（約九十公分）長的鱸魚。

曹操非常高興，立刻親自下廚烹調，可是，過了一會兒，曹操又嘆息說：「要是現在有蜀國生薑的話，那該有多好啊！」

左慈接口道：「好！我去替你拿來。」

運用氣形成的分身形像和肉體一樣，係物質性的存在。打坐者頭頂的上方，便是他的分身。

曹操又問：「你是不是想從附近的土壤中採取呢？」

左慈說：「不，我想前往蜀國採取。」

曹操心想，普通人來往蜀國一趟，最快也要一年，左慈是不是在吹牛呢？

因此，曹操對左慈說：

「好吧！不過，請你到達蜀國時，通知前往當地買布的採買官，再買兩匹蜀國錦布回來。」左慈答應後，隨卽起程。

過了一會兒，左慈果然採回生薑，經過半年，採買官才從蜀國回來，告訴曹操說：「我在蜀國遇到一個陌生人，他說大王要我多買兩匹錦布回來，因此，這一趟我多買了兩匹錦布回來。」

這便是左慈使用分身術的故事。

台灣有位神學家，也是盧勝彥的師父淸眞道士，差使廟中靈童守在山下，觀看是那一位朋友來看他，然後迅速回來報音，因此，每一次訪客到達他的住處時，他早已猜到來訪爲何人。

與這種超能力相似的稱爲「出神術」。所謂「出神」，意指鍛鍊氣使一種被稱爲「陽神」之物，離開肉體，到處任意飄蕩。

也可以稱它是一種脫離的幽體，不過就分身的精力強度和物質強度而言，分身遠勝過幽體，而且分身術能使修行者長生不老。

左慈所使用的分身術，不同於陽神，有時係利用陽神分身，有時候係利用超自

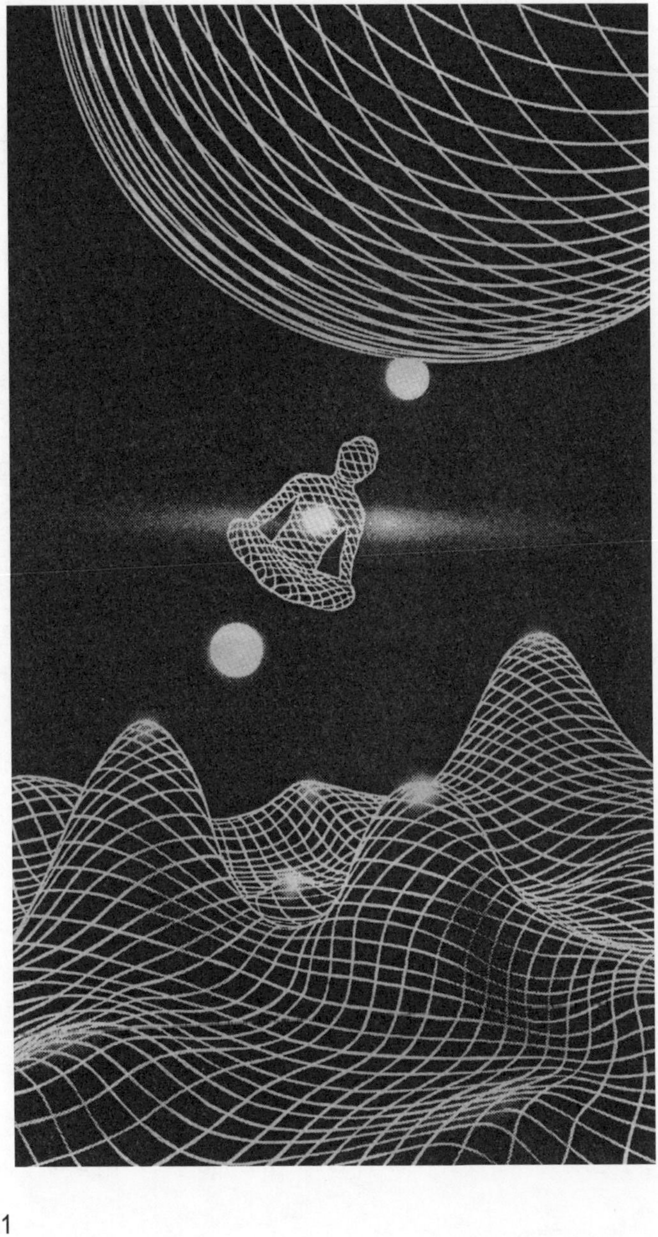

然力。陽神也是仙術之一，關於此點留待第六章再作說明。

有些神仙練氣能產生一股力量，當他以掌擊往某標的物，譬如岩石或大樹幹時，往往能夠一掌擊碎它們。這種功夫，現在已流傳至不修行仙術的人，同時也常被利用在拳法、氣功法……等方面。

諸如此類法術，有些人能夠辦到，有些人不能，而也有一些人只有一種特殊的能力而已，總之，視修行者的資質、能力而定。修行仙術的目的，不在獲得超能力，而在追求脫離人類社會規範、奧妙的生命法則，或宇宙因果律。

所謂「仙術」，是爲了使人類成爲宇宙中眞正的自由人，這種修行法，憑藉平凡頭腦與智力，是絕對辦不到，因此，才編出一套超乎一般人智慧與力量的修行法。

仙術的始祖伏羲

仙術的起源與流派

【傳說中仙術的始祖】

關於仙術何時出現於中國，尚無定論，傳說宇宙之精的元祖天尊，是位人面蛇身的伏羲神，之後伏羲又傳與神農。

神農再傳與廣成子神仙。古書將算到廣成子爲止的神仙，視爲天地之精的化身，又依據《神仙傳》一書中的記載，廣成子在高齡一千二百歲時，將仙術的秘訣傳授予黃

神農，是發現使用草木地丹法的神仙。

帝。

黃帝，乃針灸醫學中《黃帝內經》一書中所指的黃帝，《黃帝內經》雖然是一本古典的針灸書籍，但內容談的幾乎不離天地自然之氣的調和，或是養生之道，與仙術書籍的內容，並無二致。

黃帝再將仙術傳予老子，老子再傳關尹子、莊子、列子……等，積年累月的結果，仙術修行法迅速地傳至中國各地。

老莊時代，亦即歷史上的春秋戰國時代，就開始由仙術分出許多流派。

例如，宋代陳希夷（陳摶）他所修練的仙術，屬於文始法派。據說，此派直接傳自關尹子。此派將修行的重心，放在追求較深奧的老莊思想，而非練「氣」，由於他們追求的境界相當高，教規又嚴謹，因此，此流派並不活躍。

相反地，注重練氣和提煉長生不老仙丹的主流派相當流行，傳說此派的創始者，是東漢時代的東華帝君（即東王公）。

東華帝君師承老子奧妙仙術，之後東華帝君再傳漢代鍾離權，鍾離權再傳唐代的呂洞賓。

傳說呂洞賓現仍存於世上，丹鼎派（注重練氣以及提煉長生不老仙丹的流派）供奉呂洞賓爲其開山祖師。

黃帝，是一位仁厚神仙，
師承廣成子的仙術，再傳與老子。

【吐納導引法】

以上各派成立的時期，約在春秋戰國時代。

時下仍流行的老莊哲學之最古老文獻當中，例如《莊子》一書，提及一種學習動物呼吸動作的「吐納導引修行法」（呼吸法及仙人的體驗），書中曾有如下一段記載：

「深吸一口氣，將氣吐出後，吸入新鮮空氣，然後將自己吊在半空中，好像熊雙手握住樹枝那般，又像鳥那樣縮短呼吸的間隔，這種修行法能使人延年益壽。」這種動作就是吐納導引術，這種修衆最受彭祖等長壽者的喜愛。

好像熊一般吊在樹下的動作，稱作「熊經體操」，據說，又有一種「鴟顧體操」，做法是模仿貓頭鷹的動作，蹲在地上，頭部不時地向左、向右轉動，爲何先人會模仿動物的動作，創出吐納導引法呢？那是因爲動物具有一種人類所沒有的不可思議習性。

比如說：熊冬天的時候，能夠不吃、不呼吸連續冬眠數月之久；又老虎體積雖龐大，但動作却快如迅雷；又如侯鳥，身體雖小，但牠們却能飛行數百里或數千里之遠，飛到自己的目的地。

諸如此類，動物們擁有一種驚人的能力，因此，古代的人們才會模仿牠們的動作編纂呼吸修行法。

下面舉個實例來說明。

東漢•陳寔所著《異聞記》一書中，記載一個小女孩學習烏龜呼吸，不吃飯而不餓死的故事，內容如下：

某地發生戰亂，有一位逃難者叫張廣定，由於自己已經沒有法子來養活自己的四歲小女孩，爲了避免女兒跟著受苦受難，決定將女兒遺棄，但是他又怕女兒在無人照料而餓死後，沒有人幫她埋起來，因此，他將女兒放在一個網籃中，放入一個空墓內，並且在墓中預留幾月份的乾糧與飲水。

事過三年，戰事已定，張廣定回到自己的故鄉，路過空墓時，突然想起他那個可憐的女兒，於是，張廣生走向空墓，想收拾女兒的屍骨。

可是，當他探頭察看空墓時，赫然發現女兒正坐在籃子內玩耍，起初他以爲是鬼，不過，當他進入墓內，握住女兒的小手時，激動地發現，他的女兒竟然還活著。

張廣定心裏想，我只留下幾個月的糧食與水，她怎麼能活到現在呢？他仍然半信半疑地握住女兒的手，然後問她究竟是怎麼回事，女兒回答說：

「糧食吃完的時候，肚子非常餓，有一次肚子又餓得咕嚕咕嚕地叫時，突然間看到角落，有一隻怪東西伸長脖子在吸氣，我一時感覺好奇，就學它的動作呼吸，作完後肚子突然不覺得餓了，所以，我每天就作幾次，一直作到現在。」

張廣定於是察看四周，果然在某個角落發現一樣東西，定神一看原來是烏龜，這時候他才明白，原來女兒是因爲學習烏龜的呼吸法，才能不必吃飯而活到現在——。

中國拳法當中，有許多是模仿動物生態的姿勢，譬如形意拳，便是模仿十二種動物的動態發明的。

近代有位宋世榮先生擅長形意拳，當他表演蛇形拳時，整個身體就好像蛇那樣在地上爬來爬去；當他表演燕形拳時，軀體就像燕兒低飛那樣俯貼地面，快速衝過長凳子的下面；又他也能像壁虎那樣垂直伏貼在牆上，維持數分鐘之久。

將模仿動物動作的呼吸法，全部加以整理、歸納的，是三國時代的神醫華佗，華佗觀察熊、虎、獅、鹿、鳥等五種動物的動態，編成了一套體系性的吐納導引法，目前，這種修行正流行於中國大陸和台灣。

一九七二年四月二十六日，於長沙馬王堆一號墓掘出辛追夫人的棺槨時，在墓中也發現一幅描寫吐納導引法的古畫，排列非常有秩序，這個古墓建築的年代約當漢武帝時代，由此可證，吐納導引法在當時即已體系化了。

由此也可推知，漢代至三國時代，仙術的基本呼吸法和練氣方法，在這個時代逐漸經人整理，而陸陸續續的整理工作，使得修行法漸具體系化雛形。

之後又加入攝取天地自然間精氣的地丹法流派，晉代的《抱朴子》、《周易參同契》等書，已屬有體系的仙術書籍。

【中國醫學和仙術的起源相同】

根據研究中國醫學史的專家表示，古時代仙術與中國醫學兩家不分。

在中國醫學中，有句話「預防重於治療」，是提倡在生病前將病因治癒，認爲與其等它生病了再治療它，倒不如做好預防工作，而仙術的修行也有此說法。

因此，注意日常氣候變化、三餐的飲食、睡眠……等，儘量使身體獲得適當的調適，又運用吐納導引法，使體內血液循環流暢，以便增強體力。這種傳統的修行法，仍然保存到現代，有人將它發展爲清晨時候打太極拳或氣功，有人將它發展爲食物療法。

朝治療病症方向發展出來的，稱爲中國醫學，而注重提升人類能力的，稱爲仙術。

傳統的修行法，有人將之發展爲注重健康的內養氣功法，也有人將它發展爲使用氣的中國拳法。

這些都是由氣作爲體系之主要條件的基本仙術修行法，由祈求健康的觀點來看，仙術與中國醫學的關係密切。

雖然，仙術與中國醫學的起源相同，但是，因各地風土、習慣不同，仙術便分成許多流派。

譬如，華北地區，冬季較長，土壤較南方貧瘠，因此，此地創出來以鍊金丹求仙爲主的丹鼎派，主張禁慾。

華南地區產生一種完全不同於北方的以念咒爲主的仙術，這是因爲當地氣候炎熱、疫病流行、經常發生水災，古代居民民智尚未開化，居民爲了祈禱天神平息憤怒，因而發展爲以念咒爲主的仙術。

華中長江一帶，氣候溫和，物富地饒，這裏的居民不必像華南、華北居民那樣過著忙碌生活，因人民不愁吃不愁穿，所以發展為講求蓄養精神的地丹法；又主張享樂，因而發展出人丹法。後人將這些修行法加以整理，發展成為三峯派，或以房中術為主流的丹鼎派。

丹鼎派仙術與強大的氣功

【主張禁慾的北派仙術】

北方吸收北宋時代禪宗的精神，發展爲全眞教、太一教、眞大道道教派三種，其中太一派、眞大道教二派今已消逝，只剩全眞教。目前全眞教遍布華北一帶，勢力相當龐大。

全眞教歷代教主不僅擅長於仙術，並且也能在政壇中展露鋒芒，因此勢力擴展非常迅速，例如，二世馬丹陽（馬鈺，一一二三年～一一八三年）爲金朝寵信，三世丘長春（丘處機，一一四八年～一二二七年）爲成吉思汗所信任等等。

全眞教創始人，是山東籍王重陽（一一一三年～一一七〇年），他並不是一位有名的人物，當初他創教的用意，多少帶有一點神仙色彩。

根據《全眞教史》一書記載，上面有：「宋高宗三十三年，於咸陽甘河鎭一帶，有一位王眞人（神仙別稱）遇及鍾離權、呂洞賓二位神仙，經由二位神仙處學得仙術。」

亦卽王重陽師承鍾、呂二神仙的仙術。不過，有人說，當時呂洞賓只傳授王重陽一人單獨打坐的禁慾性單修法，所以，全眞教是一種主張禁慾的仙術。

又有人說，呂洞賓當時也傳授王重陽房中術（栽接法），王重陽再傳予弟子馬丹陽，可是馬丹陽未將房中術傳予他人，因此全眞教變成一種禁慾的仙術。

以上都是傳說而已，至於眞相如何，衆說紛紜。

北派王重陽的弟子當中，有七人各創一支別派（共有七派），這七位弟子與王重陽本人都是山東人，而目前的修行者當中，也有許多山東籍。

作者有一次前往拜訪全眞教總部之一的嶗山，此地以太淸宮道觀（一座宗教建築物）爲中心，附近圍繞有二千多座建築，有一位人稱孫道士表示，目前只剩七個道士，他們都是山東人，由此可知山東省是許多神仙的源流地。

據說，古時候在嶗山修行的道士，能使身體從空間消逝，換句話說有許多能夠白日升天的神仙。

嶗山是西元前仙術的修行盛地，聽說秦始皇、漢武帝、唐代詩人李白、清代思想家顧炎武、文學家蒲松齡和王漁洋……等，爲尋找長生不老的仙丹，或一探神秘境的究竟，都曾到此一遊。

北派全眞教七支別派當中，以丘長春爲首的龍門派聲勢最強，位於北平的白雲觀，乃龍門派的發源地，龍門派未將白雲觀封閉，人們得自由出入此觀。

此後，又從龍門派分出一支伍柳派，目前相當盛行。

伍柳派屬道教丹法流派，由伍守陽、柳華陽所創的呂祖學派。該派主張淸靜修爲，仙道合宗，以修氣脈與小周天功夫爲主。

現在，我們所看到的仙術修行者，幾乎都屬北派或伍柳派，作者初學仙術時，首先加入者便是伍柳派，由此可證，此派的分佈相當普遍。

伍柳派與北派的區別是，北派禁慾，伍柳派不採絕對禁慾的態度，反而主張巧妙的運用修行當中所產生的高昂性慾狀態。

又比如李道純（宋末元初著名道士，生卒年不詳）、黃元吉（一二七一年～一三五五年）所創的流派，亦主張禁慾，但態度並不強硬。這支派別不主張坐禪，完

嶗山的前景和後景

仙術修行者孫道士

太清宮，據說附近曾有道士白日升天。

全繼承儒家的思想，所以，又稱爲「儒家仙術派」。

若站在派別宗旨來看，此派除了與伍柳派或其他流派的體系不同之外，此派也不主張提煉仙丹，只主張練「氣」，改變肉身，希望能修行到使肉身消逝在空中的階級。

黃元吉原是博學鴻儒，兼通佛乘，後「飄然拂袖出儒林」，得火龍眞人傳授，於悟道見性之後更進一步，終成無上大道。黃元吉便是一位能夠白日升天的修行者。

【縱慾的房中術】

與主張禁慾的北派，相反的是主張縱慾的南派。此派是與北派王重陽同時代的劉海蟾師承呂洞賓的仙術而創立。

傳說，呂洞賓同時傳授王重陽和劉海蟾仙術，不過傳授時故意將王重陽和劉海蟾分爲二處，分別傳授。呂洞賓將禁慾性單修行法傳予王重陽，而將男女二人一同進行裁接法傳予劉海蟾。至於眞相如何，尙無定論，究竟上述只是傳說。

王重陽之所以學習單修法，劉海蟾之所以學習裁接法，也許只是呂洞賓一時的情緒而已！

劉海蟾是中國民間信奉的準財神，也是九路財神之一。他住於四川青城山，因此稱爲青城派，青城派堪稱丹鼎派中的優異者（聽說劉海蟾活了六百歲）。

劉海蟾將仙術的秘訣傳予弟子張紫陽（張伯端，九八七年～一〇八二年），此後，張紫陽便創立了以雙修法而著名的南派。

所謂雙修法，乃男女兩方交互攝氣的仙術。據說，呂洞賓於明代時，又出現傳授陸潛虛（陸西星，一五二〇年～一六〇六年）仙術。之後陸潛虛加入三峯派的房中術和西藏的秘教，而創立房中術修行法中最有名的東派。

清代時，呂洞賓又出現，將仙術傳予李涵虛（一八〇六年～一八五六年），之後李涵虛又拜張三豐爲師，並加入西藏秘宗，創設西派，西派在數十年前曾經風行一陣。

李涵虛時代，同時出現許多仙術派別，修行者可任意摘取其中精華部，自創一套體系性修行法，這是這個時代的優點。但這種自創體系的修行法其內容相當混雜，仔細察看，便可得知係抄襲別派的修行法。

東派、西派是房中術的主流，又如死後一度復活的超人張三豐所創之三峯派，亦屬之。張三豐爲近代太極拳者奉爲太極拳始祖，由此可見他與武術有很大關聯。

張三豐不主張純然使用硬派的武力，主張兼採包含深奧意識的文殊派，以及主張縱慾的南派修行方法，因此此派的體系相當完備。

另有一位張三峯神仙創立一種單修法的房中術，亦屬於三峯派之一，由於與張三豐只有最後一個字不同，因經常被誤認爲他就是張三豐。

張三峯，是單修法房中術之祖，在其所著《三峯丹訣》一書中指出，所謂單修法房中術是從一位女子體內攝氣的修行法，與南派所創夫妻二方互從對方攝氣的雙修法房中術不同。

這種修行法對被攝氣女子身體的損害非常大，嚴重者甚至導致死亡，因此，此派常被他派指責爲利已主義派，不過，由於這種修行所獲得的功效非常大，也常爲他派接納。

房中術發源於長江流域，而創立的時代約當南、北朝，也許當時政治混亂，人們爲了逃避現實，尤其是王公貴子，大多耽溺在這種追求享樂的神秘修行法當中。根據文獻的記載，三峯派亦創立於南北朝（六朝）時代。

【氣功拳法的超能力】

中國拳法與仙術修行的關係如何呢？以太極拳爲例，從太極拳緩慢的動作來看，此拳法不同於空手道或拳擊等使用肌肉力量類的拳法，它是一種聚集體之氣，加上配合呼吸的拳法。

若能持續幾年鍛鍊氣功時，運用氣功便可發揮驚人的力量，只將手輕輕放在對方的身體上，也能將對方震開三至五公尺左右的距離，同時所打出去的「氣」貫入對方體內，使其五臟遭損。氣功程度愈高時，卽使站在離遠方幾公尺遠的地方，也能將對方身體震退。

前面介紹過的形意拳，便是氣功法之一，這種拳法的招式與其他拳法差不多，不同的是，只朝前打不往後退。

擅長於形意拳的名人相當多，如前面介紹的宋世榮（一八四九年～一九二七年），他能模仿燕、蛇、壁虎……等動作。

又如以崩拳而著名的郭雲深（一八二九年～一八九八年），亦屬形意拳中的高手，他能以一拳擊退對方。據說郭雲深出拳的速度和力量，快而有力，非一般人所可比擬。

據說，有一次郭雲深失手打死人被關在牢中，經過很長的時間後，知府大人對他說：「你已經被關在裏面那麼久了，想必你的功力已大減！」

但是，郭雲深回答說：「不，絕無此事。」然後雙手舉起手銬輕敲牆壁，牆一下子就被擊碎了。

日本，有一位澤井健一先生（一九〇三年～一九八八年）運用形意拳，創立一門日本太氣拳法，在其著作，記載有關郭雲深先生的故事。

書中記載，有一天晚上，有個小偷潛入郭雲深家中，意圖行竊，當他一腳跨過窗框時，不巧正好踏在郭雲深的腹部上面，說時遲那時快，小偷馬上被郭雲深體內所發出來的「氣」彈出屋外，再看看郭雲深時，卻見他依舊沉睡如泥。

由此可知，郭雲深卽使在睡眠之中，一旦有物體侵襲擊其軀體，也能自然產生一股反作用之「氣」，而將侵入者排去。

郭雲深的弟子當中，有一位叫作王薌齋（一八八五年～一九六三年）的人，乃澤井健一的師父，據說王薌齋也有超人的氣功。他將形意拳簡化爲太成拳（也是氣功拳法之一），變成只有坐禪和爬兩種動作。

諸此類使用「氣」的拳法，在中國遍地可尋。擅長氣功拳法的人，可發出一股類似於神仙那樣的力量。

譬如，以通背拳而著名的張三拳師爲例，他能以一指打敗對方，又能跳離地面抓住正在空中飛行的小鳥，同時他的動作相當敏捷，忽前忽後，行踪不定，好似日本的忍者一般。

通背拳，據說早年只流行於修行仙術的道士之間，張三的師父馬占春得自這些道士親自指導之後，才將此拳法傳與張三的。

道士與氣功拳法的關係密切，作者拜訪也是拳法聖地的嶗山時，聽當地的道士說，中國拳法中最整齊的螳螂拳法，便是嶗山道士王郎所創，當時他只將螳螂拳傳予嵩山的道士，流行於民間及近代的事。

河南省的嵩山，有座佛教聖地少林寺，此地乃少林拳的發源地，自古以來，出現不少有名人士，比方說螳螂派的王郎曾在此地練習拳法。此地便有座全眞教的嵩福宮（全真教的總部之一），由此可知，嵩山和嶗山之間有所關聯。

爲何佛教的聖地，會出現這些動作粗野的拳法呢？因爲中國拳法係利用「氣」產生超人的力量，而練「氣」也是道教和佛教所極力主張的。

因此，屬於佛教系統的少林寺，以拳法著名於世。除了練習自家功夫外，還練習古代達摩大師所發明的易經筋、洗髓經和吐納導引法。

同時，又學習一種傳至少林寺模仿五種動物而練氣的少林五拳，此乃白玉峯參考華陀五禽圖後編纂而成。其中少林七十二藝，能發揮一股超乎常人的力量，可謂是一種神秘的仙術修行法。

又有一種百步神拳，打法是練習者站在一口深井前面，採取馬步姿勢，面向井底水面，出拳打向水面的方向，如此連續練習一年之後，水面大概已能激起漣漪，再作進一步練習時，即可使水面激起大水波，練習到此階段時，即使是站在離對方百步遠的地方，也能以氣功將對方的身體擊退。

印掌，是一種從手掌擊出氣功，使掛在牆上的樂器能發出聲音的技法，欲練習至此階段必須經過實勁、虛勁和打透勁三個階段。作法如下：

首先將樂器掛在木板牆上，然後離牆幾公尺處，以馬步站穩，出拳打向樂器表面，利用拳頭所發出的氣功，使樂器發出聲音；之後，將樂器掛在磚牆上，以同樣方式，使用氣功使樂器發出聲音；最後，平身站在樂器前面，利用身體發出氣功（亦即，這一回不由拳頭發出氣功），使樂器發出聲音。

練至這個階段時，即使是站在離對方七十步至一百步，而且中間又隔著一道牆的地方，也能將對方擊退。

一指禪的作法是，單指指向掛在天花板的鐵片，練習以氣功使鐵片發出聲音，練成這個階段後，即使站在距離正燃燒的蠟燭很遠地方，也能單指發出氣功，將火熄滅。

練成一指禪時，也能一指擊退站在三十步以內的敵人。

所謂北派拳法，都是利用氣功擊退對方的，這種利用「氣」功發出來的力量，稱爲「發勁」。這種拳法，並非將剛產生的「氣」打出來，而是將平常所發出的「氣」蘊藏肌肉當中，遇見對手時，才以爆發式的方式，瞬間將一股強有力的「氣」打出去，而產生一種非一般肌肉所可比擬的力量。

李英昂（一九三〇年～一九八六年）所編《中國的武術》一書中，曾舉例說明「勁」與力量的不同，茲說明如下：

紀授卿禪師爲使弟子眞如了解「勁」與力量的不同處，於是，某天，紀授卿禪師將眞如帶到一座森林裏，然後手舉斧頭砍樹枝之後，對眞如說：「這是用『力量』砍的！」然後再舉起一枝竹竿劈向樹枝，砍斷樹枝後，又說：「這是用『勁』砍的！」

有名的柳森嚴（一九〇四年～一九五〇年）拳師，能夠垂直走在牆壁上面，又能手擲一顆小紙球，將玻璃打出好比被子彈穿過的小洞，這也是利用氣功的表現。

有些人利用氣功，能將石頭或鐵塊打裂，例如，曾與柳森嚴拳師比賽而落敗的顧汝章掌師便是一例。

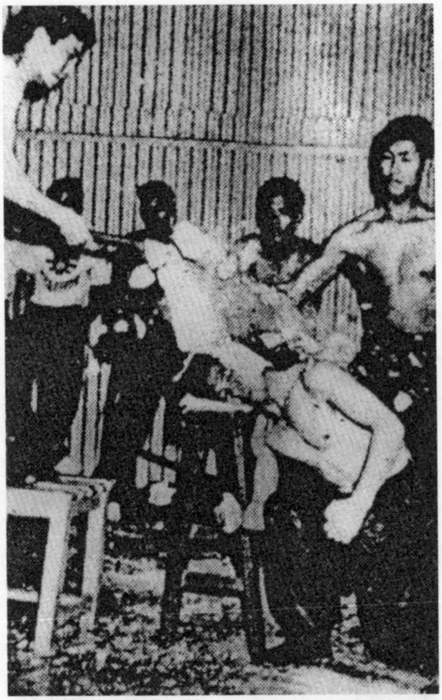

表演氣功的修行者，頭上的石頭被打碎時，頭部並未受傷。

卡車從腹部壓過去，也不會受傷。

中國近代著名武術家顧汝章（一八九四年～一九五二年）以鐵砂掌而著名，他的鐵砂掌能將巨大的花瓶，或重疊數十塊的瓦片擊碎，還能「汽車過腹」、「鐵鎚貫頂」等硬氣絕技。

中國各地經常有這一類型的表演者，有些表演者能將固定在臼上面直徑約四～五公分的鐵棍，一掌擊斷；有些表演者能以額頭擊碎石碑。

有位表演者叫作于國強，他能以頭功打碎磚瓦，又能將鋼鐵板像綳帶那樣繞在腳上，同時頭部頂起重約一百公斤的大石頭，然後以腰部撐住數位力氣如牛的男士，拿鐵鎚重重地打他的腹部。

有這種能力的人，我們通常稱之爲「超人」，但終究不能與仙人扯在一塊，雖然，就鍛鍊氣和強化氣這一點來說，與仙術差不多，不過，用氣的對象不同。

丹鼎派的修行法，除了練氣之外，還主張煉丹等，其所包含的領域相當廣。

第二章

化腐朽為神奇的仙術

鍊金術、外丹法和咒術

【製造仙藥的外丹法】

第一章以仙術爲談論主題，本章談論仙術中的一部分，希望藉此讓各位讀者瞭解仙術的全貌。

在第一章中，曾介紹過主張練氣和提煉長生不老金丹的內丹派，與此派相反的是，大自然中攝取天地之精——作爲金丹的材料，如水銀、朱砂、硫磺……等礦物——來煉丹的外丹派，此派又稱爲煉丹術派。

外丹派認爲自然界中的物質，分別帶有陰、陽、木、火、水、金等性質，假使能將六行混合起來，作適當的搭配，便可煉成長生不老金丹。

晉代《抱朴子》一書，及外丹派書籍，書中描寫外丹的功效、作法等，又《黃帝九鼎神丹經訣》（撰人不詳，從內容文字看，當出於唐代）一書，曾記載第一丹至第九種丹的功效，茲介紹如下。

第一種丹稱爲丹華，服用此藥後，七天後便能成仙。

第二種丹稱爲神符（又稱神丹），服用百日後，卽能成仙，同時肉身不畏水火，能在水面上步行。

第三種丹稱爲神丹（第二種丹與第三種丹的名稱，有時候相同），服用百日後，便能成仙，同時變刀槍不入之身。

第四種還丹，第五種餌丹，第六種煉丹，第七種柔丹，第八種伏丹，第九種寒丹。

又《太清觀天經》一書，記載一種太清神丹，也稱之爲金丹，是所有仙丹中最好的一個，服下它便可馬上白日升天。

書中又記載，太清神丹是後漢末期著名的河南省新野縣（陰張生）神仙所創，根據《抱朴子》一書記載，太清神丹由華池赤鹽、長雪玄白飛符、三五神仙水等物，混合提煉而成，不過，至目前爲止，尚不能肯定到底是那一種材料。

與九鼎神丹相同的是，分爲第一轉至第九轉等九種丹藥，不過各種藥的功效並不相同。譬如，服用第一轉丹需三個月，而服用第九轉丹需三天，才能成仙。所謂第一轉、第二轉或第九轉，係依提煉金丹的過程而分的，數量愈多（比方說第七轉、第八轉……等），所耗時間較長。

又有一種九光丹，此種金丹所須的藥材比其他金丹較爲普遍，各爲丹砂、雄黃、白礬、曾青、慈（磁）石等五種石，每種石五轉便產生五種顏色，由於一共有五石，因此總共可提煉成出二十五種顏色的金丹。

九光丹功效異常大，比方說，灑一匙青丹在屍體上，又倒一匙青丹在死人口中，只要死人的死亡期間不逾三天，便可馬上復活。

又如使用黑丹（左手塗黑丹，嘴裏念著自己想要的東西），便能使你嘴裏所念的東西，呈現在你的眼前（不論這一件東西放在近處或遠處等任何一個地方）。

又如服用一匙黃丹，身體便能在瞬間消逝，或預知未來，並且讓服用者永遠保持年輕、永不衰老。

除了上述幾種仙丹外，《抱朴子》一書中也列有各種金丹的名稱和製造法，例如五靈丹法、岷山丹法、務成子丹法、羨門子丹法、立成丹法……等共數十種之多。

【從地丹法發展出來的外丹法】

乍看之下，外丹法與講求煉氣的內丹法，截然不同，其實不然。因爲，事實上外丹法發源於長江文化之一的地丹法。

《抱朴子》第十一冊仙藥篇當中，提出關於人蔘、黃精、射干等藥草的服用法和功效，並將藥草分爲上藥、中藥、下藥，此乃根據古老的《神農本草經》所作的分類。

此外還記載有通明腎氣丹（強精）、骨塡枸杞煎（強化骨骼）、黃耆建中湯（治療身體虛弱）等補藥性質的中藥。

《抱朴子》一書中曾有如下記載：

「吃丹藥而實行呼吸法的功效非常大，若能領悟呼吸法的要領便能活幾百歲，可是，這還不夠，修行者還須知道房中術才行，假若不知陰陽相交之術，而又經常消耗精力時，雖實行呼吸法，並無多大的功效。」

由此可知，《抱朴子》一書強調內丹法中的呼吸法必須和房中術相配合。

《抱朴子》（左圖）中記載的仙丹，上面是射干，下面是茯苓。

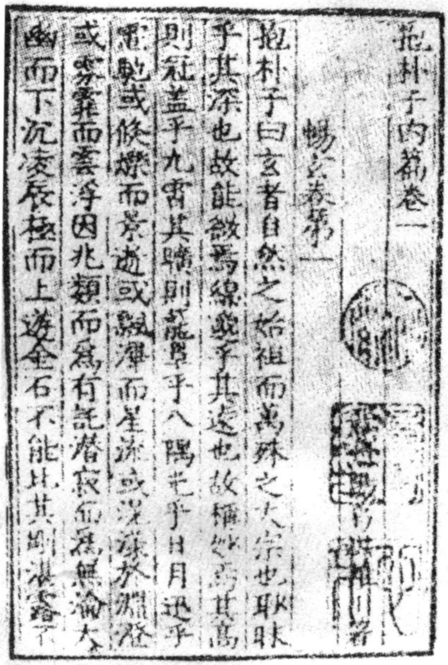

抱朴子內篇卷一

暢玄卷第一

抱朴子曰玄者自然之始祖而萬殊之大宗也眇眛乎其深也故能微焉綿邈乎其遠也故稱妙焉其高則冠蓋乎九霄其曠則籠罩乎八隅光乎日月迅乎電馳或倏爍而景逝或飄滭而星流或滉漾於淵澄或雰霏而雲浮因兆類而為有託潛寂而為無淪大幽而下沈凌辰極而上遊金石不能比其剛湛露不

由上述說明得知，外丹法與內丹發源於同一文化（長江文化），兩者好比雙胞胎姊妹關係。

至於外丹法爲何被單獨分出來呢？因爲外丹法認爲，大自然中唯有由礦物提煉出來的仙丹，才能使人長生不老。

《抱朴子》一書又有如下一段記載：「草木的功效雖好，但點火燃燒之後，只剩一堆灰燼；可是，金屬再怎麼燒它，都不會被溶化。」因而外丹派肯定金屬具有永久性和可靠性。

外丹派企圖將虛弱肉身改變爲

像金屬那樣堅固的身體，所以，全力從天然礦物界中找尋提煉藥物的材料，在他們觀念中，藥草的功效再大，終究化爲灰燼，無法提煉出長生不老的仙丹。

相反地，內丹法主張由永遠存在於宇宙之氣提煉仙丹，而將地丹法和人丹法視爲搜集氣的手段而已！

換句話說，外丹法注重地丹法，而內丹法注重氣的作用，不過二者雖然方法不同，可是目的相同，兩者都在追求構成宇宙本質的東西，而宇宙的本質便是「氣」。

外丹法在中國仙術中，屬於最神秘的領域範圍，因此，不免夾帶一些虛僞的傳說，甚且有人假冒道士、仙術之名，欺騙世人。

近代科學家針對這一種惡劣風氣，提出嚴厲的批評，並指出外丹法是一種迷信，他們舉出實例說，唐代一共有二十二位皇帝，當中有八位皇帝服用道士所謂「長生不老仙丹」，其中竟有七位皇帝中毒死亡，這不是迷信是什麼？

縱然有假冒之士，但我們也不能因此而排除眞正所能製造仙丹神仙的存在。

《抱朴子》一書當中，曾提到某神仙以仙丹治癒皮膚病患的故事，這個故事並非揑造，因爲事實上仙丹眞的能將不知病因的病症治療好，或將垂死的病人救活。

最近出版的《中國煉丹術和丹藥》一書中，詳細說明有關傳說性仙丹的製造方法與功效，讀過此書後，便知仙丹並非毒藥。

從西方鍊金術發展出的一門化學科學，却被科學家所否認，縱然如此，但鍊金術的方法仍然保存於化學這一門科學之中，如原子彈、氫彈、原子爐、加速器……等，便是利用早年鍊金術者使用某物質變爲另一物質的工具原理，研製而成的。經由這些工具，鈾會變成鑪，而陸陸續續產生宇宙界不存在的物質。

中國的煉丹術也帶有很深的神秘色彩，或許近代科技再進步時，也許可能提煉出長生不老金丹！

【咒術與超能仙術——符咒】

仙術中最令人注目的是咒術，它發源於華南，華南一帶氣候濕然，高溫多雨，蚊蠅叢生，經常發生流行病，因此，地方人士依賴咒術，希望藉此能趨邪避凶。

仙術修行者爲了逃避劫難，因此，花相當大勞力和時間在練氣和煉丹上面，希望自己能夠成爲超乎常人的神仙，不必受到人間災難的折磨。

所以，華南出現的符咒派仙術，與其說是一種仙術，倒不如說是一種魔法。在台灣以及華南一帶流行的仙術當中，這一術占有很大的比例。

符咒派的創始者，是東漢末期隱居於蜀馬鳴山的張道陵（三四年～一五六年），他也是五斗米道的創立者。

被認為是符咒派仙術之祖的張道陵，據說他能白日升天，使自己的形像消失。

同時代又有一位張角（？～一八四年），創立太平道，以符咒治病，藉此聚衆，不過太平道在東漢黃巾之亂被討平後，已完全消匿形跡。

五斗米道，是一種多神教，以長生不老或成仙爲其最高標準。是使用靈符、符咒……等的民間宗教，此派在太平時代，吸收老子思想並盜用內丹派的修行法後，而建立起他們的修行體系。

此派以江西省龍虎山爲其總部，別稱「天師派」（因張道陵被他人稱作張天師的關係），據說，從張道陵起前三代的教主，都在衆人面前白日升天。

根據《平妖傳》一書所載，使用符咒能將紙條或稻草變成馬，或者將豆子變爲士兵。

書中有如下一段記載：

「胡承兒，將一束稻草切碎，並將紅色瓶子之中倒出二百粒左右的紅豆，放在地上，然後雙手捧起紅豆和稻草往空中拋，嘴裏同時念咒文，之後口中含一口水噴向空中後，大喊一聲，突然間，紅豆變成頭戴紅色鋼盔、身穿紅色甲胄的士兵，身高約三尺左右，而稻草變爲馬。

然後，胡承兒又從另一個瓶子倒出白色豆子，並將另一束稻草切碎，使用同樣手法，變成一隊白衣部隊，然後命令二隊士兵玩打戰的遊戲。

據說，胡承兒乃天上九玄女神之子，降在人間，生爲當鋪胡員外的兒子。

正巧，胡員外路經此地，見狀舉刀猛力往士兵身上砍，頓時士兵馬上變爲一把掃帚倒在地面，故事就此結束。」

或許有些讀者看完之後，認爲那只不過是一則神奇故事罷了，其實不然，目前在台灣還可以發現使用這種咒術的神仙。

譬如，一本介紹台灣現況的《人間之星》一書中，就曾介紹有關符咒術的事情。書中記載，民國元年至十五年間，台北大稻埕（現在的延平北路）有一位法師口中念咒便能將死者靈魂附在一束稻草人上面。

又作者認識一位恩主宮的法師，他能夠施展咒術，將靈魂附在剪裁好的紙娃娃身上，然後命他去買酒。

又如台灣南部天仙宮的主持陳鴻天道士，使用符咒力，能使灑到地面的米，重新回到盆中。據說，他會各種符咒術，上面介紹的咒術，只是其中之一。

據說，屏東山地有一位九星道人，會一種五鬼術咒術。所謂五鬼術，是準備五具骷髏、五張舊瓦片、五塊濕壁土、五根稻草、五張鬼符等道具，然後由作法者施展咒術，將五種靈氣附在五具骷髏上面，便能命五具骷髏去盜取他人藏在牆內的藏寶。

九星道人，又能利用五鬼術，看出對方藏在心中的秘密、過去的經歷、病症……等。傳說，九星道人之所以那麼厲害，是因爲有五種精靈圍繞在他的身旁，九星道人想作什麼事只要命令這些精靈去作就行了。

又有一位盧勝彥先生，他本來是虔誠的基督教徒，有一天路經某間廟時，得到一位巫婆傳授巫術因而獲得超能力，之後又從沒有形象的靈師以及四川省青城山清眞道人二人處，學到各種法術。

他將他的親身體驗寫成《靈機神算漫談》、《靈與我之間》兩本書。

有趣的是，曾有人寫一張向巫婆挑戰的符咒書，看起來好像是《平妖傳》中發生的故事。以下大略地介紹這幾本書的內容，文章之內「我」，指盧勝彥而言。

【符咒師之間的鬪法】

有一次我到玉皇宮拜訪巫婆，當時她正忙，不過，當她抬頭看到我時，馬上伸出手跟我握手，並問說：「你好嗎？」

我回答說：「還好。」

然後，她繼續替香客與靈接觸，我便在四處隨便走一下，突然間聽到她大喊一聲，雙手伸向空中一幅好像很痛苦的樣子。

「那個傢伙這麼大膽，竟然存心燒咒攻擊我，我是瑤池金母身旁的助手，我不怕你！」

然後，攤開手掌說：「這個傢伙個子很高，而且脖子經常纏一條白布，有沒有人看過他？」

盧勝彥是台灣有名的超能力者。他靠符咒法而擁有超能力，及許多令人不可思議的體驗。

接著，把攤開的手掌擺在站在附近人群的前面，問說：「你們是否看到一張符。」

當然一般人是看不見的，因此每一個人都說：「沒有啊！」

巫婆接著說：「怎麼沒有，明明有一張符放在我的手掌，勝彥，你過來看一看。」

當我走近一瞧時，果然看見一張符，並且上面貼一張黑紙條和一張白紙條，符咒上面寫滿詛咒的字句。

我就回答說：「這是一張黏有黑色和白色紙條的靈符，看起來不像是名門正派的東西。」

她說：「對！你說得完全正確。」

然後，緊握這張符，面對東方吸一口氣，而後向掌中吹一口氣，這張符就突然消失了。

廟裏的住持釋慧靈說：「這張符咒可能是姓張的符咒師放的，聽人家說，他的脖子上經常繞一條白布，他可能是嫉妒妳的名氣，所以用符咒向你挑戰。」

巫婆要我隔天再去一趟，當我第二天踏進廟裏時，張法師果然再度出現攻擊巫婆，不過這一次他不用符咒攻擊巫婆，換成用紙剪成的人像和蛇像來攻擊巫婆（這種法術稱為「五宮驅鬼術」）

這一次我們都知道這些紙娃娃的來意，因此，我對巫婆說：「這一次讓我來應付。」

我一方面踏腳一方面念咒，手部作比雷訣的動作，然後單指砍向空中，接著紙娃娃就不見了。

過了一會兒，突然看到玉皇宮後跑出一道人影，雙手抱頭，一面叫痛、一面跑，我想這就是住持的張法師。

上述故事，是盧勝彥的親身體驗記。

像張法師那樣，利用符咒滿足自己的願望，或詛咒對方的符咒術，被稱爲「黑魔法」。

黑魔法，又稱爲黑巫術，卽邪惡的巫術，主要以傷害別人爲目的。多用於對付仇敵或報復他人，亦可用做治病、驅邪，或針對他人所施行的巫術進行治療、防禦或反擊。

《人間之星》一書中，也記載有些女子爲奪回丈夫的寵愛，而請符咒師施法使自己的情敵發瘋或生病的例子。「台灣日日新報」亦曾報導，假使二位法師施展符咒術互鬥的話，結局必定有一方會死亡。

《人間之星》又談到當這符咒師在最初拜師學藝時，他們的師父一定要他們從孤、夭（未成年而死亡，亦稱夭折）、貧，當中選出一種命運，並且叫他們盛一碗飯倒入糞坑之中（聽說唯有作一些違反天道的舉動，才能使他們成為符咒師）。

當然有許多不肯施展黑魔法的法師，譬如，陳鴻文、九星道人、盧勝彥……等人，他們絕不會爲了滿足自己的慾望而使用符咒術，唯有在幫助善人解危時才使用。

他們之所以練習符咒術，是爲了提高自己的修行（道行加深），換句話說，他們的目的是借用這些符咒的超能力量，使自己能自由自在地控制氣，而進入仙術的最高階段──「出神」或「大周天」。

符咒派的仙術，之所以代代相傳下來，大概也是這個緣故。

神仙的命運轉換法

【積善棄惡以改運】

道教中有許多「積善派」道士，積善派主張多作善事能夠改變自己的命運，關於這一點《抱朴子》一書有類似的報導。

積善派認爲家中竈神每隔十天，亦卽庚申日時，便將全家每個人的善行和惡行，向天上司命神（掌理記錄功德的神）報告，而後由司命神決定每個人的壽命或富貴，這種教義可能是採取佛教「善有善報、惡有惡報」的因果律看法。

南宋初期，李昌鈴著《太上感應篇》一書，使積善派的說法一時成爲風尙，明代《太微仙君功過格（亦稱功過格）》與《關聖帝君覺世眞經（亦稱覺世經）》，以「積善餘慶，積不善餘殃」的觀念做爲基礎，去制定「功格」與「過律」，強調「積善成福、積惡成禍」的報應，也是這種修行的指南。

最後，將此派學說整理或體系化，正式建立流派的是明朝袁了凡，他將過去積善派的指導書籍，和自己的親身體驗融合起來，寫成一本著名的命運轉換書——《陰騭錄》，其中有許多有趣的記載，茲略述於後。

袁了凡幼時喪父，由母親獨力撫養長大，母親希望他不要參加科舉考試（作官的考試），而當醫生，因此，他未曾參加會考。

有一次，前往慈雲寺遊玩時，遇見一位名字爲孔的老人，老人問他：「先生爲何不參加科舉考試？」

聽說這位老人曾經學過邵康節的《皇極神數》（占卜術之一，據說中國四千年歷史的演進都是依照占卜的結果演變的），這一次爲了袁了凡從老遠的雲南跑來，目的是希望藉助袁了凡之力，推廣積善之道。

聽完老人問話後，袁了凡便將早年母親的囑咐說出來。老人說：

「看你的臉相，明年命該考上科舉。」於是，袁了凡將老人接至家中居住，請他占卜自己的未來，占卜的結果是「以第十四名考上縣科舉，以第七十二名考上府科舉，以第九名考上道科舉」。

第二年袁了凡參加科舉考試，果然依老人所言，考上了。

袁了凡又請老人爲他占卜一生的命運，結果顯示某年他將以第××名考上科舉，某一年正式上任作官，某一年作到貢士的職位，某一年擔任四川縣太爺，不過作了二年半後，便退休返鄉，而後於五十三歲那一年八月十五的丑時（上午一點～三點）死亡，終生無子嗣。

袁了凡的自畫像，他創立了積善派，主張命運轉換論。聽說他年輕時，曾有一位老者預測他的一生，不過，後來他依《功過格》，改變了自己的命運。

袁了凡將占卜結果一一記下來，想試驗一下占卜的結果是否準確，令他奇怪的是，老人所說的預測一一實現了，不過，他將以祿俸九十一石五斗擔任貢士的預測，後來却以祿俸七十石擔任貢士。

當時，他認爲占卜不準（因為有一位官居署印之揚分佔住貢士一職），不過，經過一段期間之後，獲得殷秋溟的賞識，經他推薦擔任貢士，祿俸果然爲九十一石五斗。

從這時候起，袁了凡開始相信命運早已註定，對一切看得非常開。

某一年袁了凡前往棲霞寺拜訪雲谷禪師，在寺中打坐三天三夜，毫無邪念在心頭，雲谷禪師看了覺得奇怪，便問他究竟是怎麼回事，袁了凡將老人的事，全盤說出來，並且又說既然自己的命運上天早已作好安排，又何必想那麼多。

這時禪師對他說：「被命運支配的人，只是一個凡人而已！唯有聰明人會想辦法改變自己的命運。」於是，送給他一本改變命運的書《功過格》和一本《準提咒》咒文。

袁了凡按照雲谷禪師的指示，依照《功過格》所寫，每日多作善事，熟讀《準提咒》經過一段期間之後，頓然發現命運並非絕對。

到最後還生一個小孩，而且五十三歲時並未去世，官位也不只是作縣太爺而已！他以身居明宗應品軍的主事職位，率領大軍大敗侵略朝鮮咸鏡道的日軍，爲國建立大功，也替自己贏得殊榮。

改變袁了凡命運的《功過格》，究竟是怎麼樣的書呢？實則此書以「量」來計算功（善）和過（壞事）。比方說，救人一命，有一百功，替跟自己無親無故的死者埋葬屍骨，有五十功，相反地，殺一個人，有一百過，與不貞女子通姦，有十過。然後，每日寫下自己的功、過分數，每年統計一次，看看在一年之內，究竟是功多還是過多，如此，連續幾年之後，自然可以改變自己的命運。

積善派的宗教氣氛雖然濃厚，但這種將善惡分數化的計算方法，非常符合中國人的合理主義。

這種不經信仰，而改變命運的方法，也非常符合名利主義者的要求。

目前，流行於台灣或東南亞一帶的勸世文和勸世歌，都是受積善派的影響。

雖然，積善派不是仙術修行的主流，但廣爲改變命運的修行派所採用。

【仙人占術】

仙術與占卜有密切的關係，比方說，北宋陳希夷（陳搏，八七二年～九八九年）神仙主張以睡眠，休養生息，時常一眠數日，辟穀斷食，人稱睡仙。以寫作《紫微斗數》、《麻衣相法》兩本書而著名。

仙人太公（姜子牙，約西元前一一二八年～前一〇一六年）利用占卜術指揮大軍作戰，成功輔助周王克商，一統江山，並登壇封神。姜子牙是歷史上的軍事家，也是官祀武廟中最早的武聖，在許多地方也可以看到「姜太公在此百無禁忌」的厭勝物，他不僅被尊爲神，還有另一個聖號叫做武成王。

三國時代有名的蜀國軍師諸葛亮（字孔明，一八一年～二三四年），擅長於「奇門遁甲」、「六壬」、「太乙神數」。傳說，他年輕時候，曾獲得九天玄女的侍女（狐狸精）青睞，而學得這三種神秘法術。

幫助朱元璋建立明朝的國師劉伯溫（劉基，一三一一年～一三七五年），也是以擅長於占卜而著名，曾寫過《奇門遁甲天地書》、《滴天髓》等優異的占卜書籍。由此可以證明，他對這個知識領域的洞察力和直覺力，超乎常人。

占卜，又稱「占驗術」，屬於仙術修行領域內的一部分。基本上的構造基礎爲「氣」，換句話說，是調和天地自然之間的「氣」與人體內的「氣」，而產生命運。

這種使命運有明顯改變的方法，便稱作「占卜」。

在中國，利用「氣」的占卜術，由「易」演變而來。易，本是一種哲學，哲學家以「易」表現天地自然間「氣」的運行，古代，早已被用在自然科學方面；近代隨著國家、社會人倫的變化，也被利用在天文科學方面。「占卜術」可謂「易」中的一個小領域而已。

易，分為先天易和後天易兩種。傳說摘取伏羲氏時代，出現黃河一帶的龍馬背部紋路，繪成先天易；而模仿禹時代，出現於洛水一帶神龜甲羅上面的八方陣紋路，繪成後天易。

戰國時代的思想、哲學家鄒衍（西元前三〇五年～西元前二四〇年），將先天易和後天易綜合歸納成陰陽五行理論。

【方位術與遁甲術】

有人從這兩種八卦編成利用方位氣的奇門遁甲術。與其說奇門遁甲術是一種占卜術，倒不如說它是兵器家的武器。

遁甲術，是一種觀察天氣和地氣變化情形的學問，氣的變動分爲動靜兩種，兵法家大多將遁甲術運用在如何指揮軍隊和佈陣上。

地利不好，則勝機盡失；地利好，也並不代表勝機在握，還需要考慮該地天地之氣的變化情形。天地之氣時時在變，不斷地影響周圍一切；遁甲術，便是一種如何配合這種變化的法則。

使用遁甲術能夠占卜各個方位天地之氣的好壞，但是，實際上擅於遁甲術的人，不僅能夠占卜天地之氣的好壞，他們還能利用石頭或其他造形的物體，自由自在地控制天地之氣。

諸葛亮便是能夠使用遁甲術來改變天地之氣的名人之一。

有一次，他在長江三峽（現在萬縣和奉節之間）依照遁甲術，排列八陣圖，而將八個方位的河岸邊石頭疊成一堆，或排成一列，因爲他預測敵軍即將通過此地（所謂八陣圖，係比照遁甲術中八門——體、生、傷、杜、景、死、驚、開等八個方位——的排法）。

八陣圖周圍的地形。聽說人一走進這個石陣，就無法生還走出來。

果然，吳國將軍陸遜率大軍追趕劉備來到此地，突然覺得四周分布著一股陰森森的殺氣，陸遜恐有敵軍埋伏，命前哨兵到各處調查一下是否有伏兵的徵象，可是哨兵回來報告說，江邊只看到幾堆八至十個石頭堆成的石堆而已。

陸遜想有可能是個騙局，於是大膽趨兵進入山岩，可是全部部隊剛進入石陣不久，突然刮起強風、四處飛沙走石，左右兩邊的石頭像劍一般往空中直豎，或者迅速重疊成一座小山丘，大軍愈是往內走，情況愈危險，最後幸虧是黃承彥（諸葛亮的岳父）

的解救，全軍才能安然脫險。

據說，陸遜一行進入石陣的方位，恰好相當於遁甲術的死門，一般人由此方位進入後，幾乎都無法走出來，很少有生還者。

黃承彥，是一位積善派的修行者，因爲不忍看到陸遜率領的大軍困死陣中（**也可能在實踐功過格**）因此，才會出手援助。

台灣有一位孔日昌先生頗精通奇門遁甲術，據他說，他年輕的時候，坐船經過長江三峽時，特意前往拜訪當地，當時還看到岸邊有許多重疊在一起的石堆，或者排成一橫列的石頭。

聽當地居民說，陰天或雨天或有霧的日子，經過此地時，往往會在裏面迷路，而找不到出路，因此，居民只敢在晴天的時候走這一段路。由此證明八陣圖的法力，至今仍未消失。

清朝短篇志怪小說，紀昀著《閱微草堂筆記》一書，也曾談論遁甲術。

德州有一位宋清遠，有一次出遠門拜訪朋友，二人聊得投契，不知不覺中夜幕早已低垂，朋友仍留他過夜。朋友想讓他看一段精彩的表演，於是在堂下擺十粒臭橙，然後，請宋清遠到堂上喝酒暢談。

當月亮高升空中時，突然從高牆上跳下一個人，不巧這個人正好踏在臭橙上，身體歪斜幾乎倒地，當他舉起另一隻腳向前跨時，不料又踏到一個臭橙，身體又像剛才那樣歪歪斜斜的，如此，每當他跨前一步，就踏到一粒臭橙，身體就這樣跌跌撞撞的來到堂前，突然身體又向後轉，一路跌撞回原地，如此持續數百回之後，此人終於體力不支，昏迷倒地。

天亮後，兩人將此人抬至堂上，在他口中灌一口酒，等他清醒之後，朋友問他爲何倒在地上，他回答說：

「我是一名小偷，昨晚翻牆進來想偷你們的東西，可是一翻下牆就碰到一道籬巴，等我翻過那一道籬巴之後，又碰到另一道籬巴，如此翻過了許多籬巴，後來想離開時，又碰到許多籬巴，我拚命地翻，可是始終都找不到出口，然後的情形，我就不曉得了……，既然被你抓到了，要刮、要殺，隨你處置。」

可是，朋友却笑一笑，放他走了。

過了不久，朋友說：「昨天晚上我就已經曉得有小偷會來，因此拿十個臭橙，在堂前擺一個陣法。」

宋清遠問說：「是什麼陣法呢？」

朋友回答說：「奇門（遁甲）術。」並又表示想傳授給他，可是宋清遠却一回拒絕了。

這時朋友嘆息地說：「恐怕這個法術以後再也沒有人會使用了！」

後來這位朋友搬離住處，沒人曉得他們搬到那裏去。

「風水」與遁甲術非常相似，同樣是一種觀察地氣好壞的技法，經常被運用於查看家相和墓相。

遁甲術是利用洛書軌跡，九宮八卦以及五行相生相剋的道理，來預測地理方向的優劣，進而規劃行程，最終達到對自己最有利的態勢。可以測知天地自然間的變化，因此它和依照月球運行而劃分成的二十四個節氣，關係密切。

又四柱推命係由遁甲術演變出來的占卜術，和袁了凡所創立的皇極神教相同，都是一種占卜天、地、人「氣」狀態的方法。

除上列二種占卜術之外，還有依星象來占卜的密宗系統占卜術、果老星宗（據說為張果老神仙所創）、星平會海系統占卜術，以後又從印度隨同佛教傳進一些占卜術，流派複雜，推算的準確度不高，因此並不將之列在命運學之內。

時下的占卜術，大多用於祈求幸福，實際上占卜術創立時的意義，非常嚴肅，原本的目的是鼓勵人們掌握自己的命運，運用智慧改變命定的惡運。

例如，預測方位氣好壞的遁甲術和預知地氣好壞的風水占卜術，都是爲了轉換命運而創立的，從這個意義來看，占驗派與積善派的出發點，只是方法不同而已！

這兩派不必在肉體上實施艱苦的修行，因此經常被不想修行仙術者，和忙碌於賺錢的華僑所採用。

長生不老的仙術

【仙術各門派總整理】

第一章和第二章主要在探討仙術是什麼？自古以來，不斷出現各種仙術修行法，在此將各種流派作一個總整理。

一、內丹派（養生派）

此派主張練氣和煉丹，以使修行者長生不老為目的，此派又分成許多流派，茲略述如下：

⑴**清靜法**：北派全眞派的代表，主張節慾，運用自己體內的「氣」來煉丹。

⑵**裁接法（房中術）**：異性二人一同施行的修行法，此流派又分為異性互相攝氣的南派、東派、西派……等，和只由一方攝取另一方體內之氣的三峯派。

二、武功派

此派主張鍛鍊體內之氣，產生力量，目的在產生超乎常人的力氣。

內丹派修行者，偶爾也採取這種修行法，不過，以中國拳法採取的情形較多，例如：太極拳法，主張以「氣」，破壞對手內臟，掌握勝機；又如氣功派，主張以體內之「氣」破壞石頭、鐵塊等硬東西。

內丹派和武功派的關係密切，但對象不同。

內丹派，主張由體內之氣煉成丹，所以又被稱為「內功派」；而相反地，武功派主張由外肌發出強烈的氣，所以又被稱為「外功派」。

三、外丹派（煉丹術）

此派主張由自然界中的生物或礦物，提煉長生不老的仙丹。此派恰與主張由體內之氣煉丹的內丹法相反，所以被稱為「外丹法」，與西洋的「鍊金術」大同小異。

四、符咒派

此派主張使用靈符和念咒產生超能力，能自由自在地控制氣，這是此派獨到的地方。

此派內容和西方的魔術非常相似。

五、玄典派

此派係指老子、莊子、列子等道家的思想而言，此派的意識深奧，可謂上述四派的精神支柱。

只練氣而不研讀這一派思想的神仙，我們稱之爲「守屍鬼」（只會鍛鍊肉體的鬼）。

內丹法的鍛鍊方法，稱爲「命功」（肉體上的鍛鍊法或練氣的方法），亦稱爲性功（精神的鍛鍊法），仙術中，將這兩種稱爲「性命雙修」（指「神形兼修」、心身全面修煉），若缺其一，只能說是半仙而已。

六、積善派

此派按功過格的指示，以所作善事和惡事來改變自己的命運，此派的道德色彩較濃，效果非常大，頗受修行者的喜愛。

七、占驗派

占驗，卽占卜的結果得到驗證。此派主張以氣來占卜一切，以占卜尋找適宜修行的地方，或解除困境……等，用途相當廣。

據說古代人，想拜師學習仙術之前，其師必先看他的四柱八字（出生的年、月、日、時的干支），然後決定這個拜藝者是否適合修行仙術。

積善派和占驗派不是仙術的主流，不過却廣爲修其他仙術的修行者所採用。

【丹鼎派是仙術的主流】

仙術的派別甚多，初學者見此情形，必然有種混沌不清的感覺，可是，從「氣」的立場來看，各種派別只不過是一個派的分支而已！其中最基礎的是內丹派（後來亦有人稱之為丹鼎派）。

丹鼎派大略可分爲兩派，亦卽前面所述主張由自己體內煉丹的「淸靜法」，和由異性體內攝氣的「裁接法」。

換句話說，分別主張禁慾的北派和主張享樂的南派。從效果來說，攝取他人體內之氣，再加上自己體內之氣的南派，效果較大，不過修行的項目較多，不易學成。

由於篇幅的關係，在此只簡單介紹清靜法，至於房中術（南派），留待他本專書再作介紹。

在正式介紹清靜派的修行方法之前，首先介紹丹鼎派的修行，分爲那幾個階段，又有何現象發生。

丹鼎派雖然是仙術的主流，但隨著修行者個人的喜愛，並不限於修行清靜法或裁接法。好比相同門派學徒，所學的武藝並不一定相同，而以龍門派下二位弟子柳華陽和趙避塵（千峰老人）爲例，由柳所著《大成捷徑》和趙所著《性命法訣明指》來看，兩本書的內容差異非常大。

他們兩位同屬龍門派體系，可是兩人對於修行的細節，或對於修行時所發生情況的說明並不相同，這種情形普遍存在於各個門派之中。

也由於此，因此各種神仙由於觀點不同，對於修行的詮釋各有各的看法。

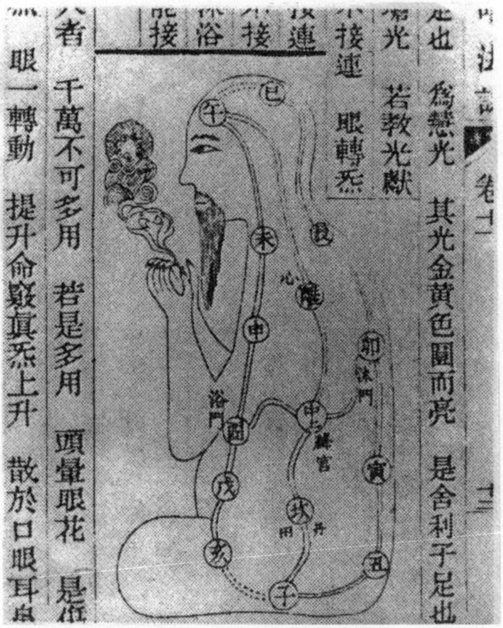

仙術書中，雖有修行法之說明，
可是想學會仙術，還須下很大的工夫。

不過，修行者不應該因此而分心，修行最嚴重要的是如何抓住修行的根本之道。

下列簡述修行中幾個重心課題，其中名稱和說明摘取較爲大衆熟悉的北派和伍柳派的說法。

(1)**練精化氣**：練精而改變氣，使氣進入循環體內之階段——小周天。

(2)**練氣化神**：練氣而產生包含有陽神的氣，而能分身的階段——大周天。

(3)**練神還虛**：鍛鍊陽神，

使之超越時間和空間，最後，將肉體鍛鍊成和陽神相同的階段。

以上三種階段，都是仙術的重心，各派對於這幾個階段的稱呼雖然不同，不過，都有這三個階段。

以柳派爲例，便有許多名稱與西派不同，茲介紹如下：

①小周天的階段。②大周天的階段。③小藥階段。④大藥階段（③、④**兩種合稱為採藥階段，此階段中練氣便能產生球狀氣塊。**）⑤煉丹階段——煉大藥作內丹。⑥養胎階段——培養陽神。⑦出神、煉神階段——使陽神由體內跑到體外。⑧還虛階段——回復爲道的狀態。

以上是伍柳派各階段的名稱，其次介紹西派各階段的名稱，文學上稱它的各階段爲「旋轉河車」，意義與「大周天」、「小周天」相同。

(1)**玉液河車：**使用「氣」的河車，相當於伍柳派的小周天。

(2)**金液河車：**亦稱爲金水河車。潛於體內的先天之氣，開始動的階段，相當於伍柳派的大周天。

⑶上天梯：亦稱爲紫河車，培養陽神並使陽神往天梯爬的階段相當於伍柳派的養胎出神階段。

這三個階段稱爲「三車」，清代李西月所作，西派的氣功內丹術書《三車秘旨》有詳細的說明。

【一面感覺氣，一面培養氣】

實際上的修行內容爲何呢？以小周天來說，必須一面觀察氣的變動，一面鍛鍊氣，相當於傳說性仙術中的煉心收己（集中意識），和武息（呼吸法之一，在吐氣和吸氣之間，停止呼吸），在這個階段，下腹部會有得到陽氣的熱感。

對於精力集中的人來說，小腹部的熱感比其他還快。古時候的修行者，認爲氣是由精力變成的，所以有「練精化氣」的階段。

小周天階段時，加強陽氣的振動後，將陽氣送到尾骶骨，經過背肌往頭頂推送，果眞做到這個階段，體內會感覺到有一股熱流，由下腹部直線往頭頂衝。

接著將意識移至額部，而且將陽氣沿著前面正中線往下推，如此使氣在體內循環一周，小周天的階段便已完成。

修行者一般都將小周天視爲進入仙術修行的基礎階段。

領悟小周天的要領，並且能使陽氣繞行體內一周之後，每天練習讓陽氣沿著同樣的路線循環，作了一段期間之後，陽氣會變強，體力也大增，因而身體變得很健康，不會常常生病，卽使生病，也不必吃藥，也能夠自然痊癒，在中國醫學上，將這種功效稱爲「輔助治療」。

集中藥之大成，淸代名醫汪昂所著的《醫方集解》一書當中，有一段有關於「小周天」的記載：

「患了吃任何藥物或使用針灸也無法治療的壞病（症狀多，不知如何治療的病）時，只有小周天才能治癒它。」

因此，現代有些修行者鼓勵癌症患者使用小周天作爲治療的方法。

將小周天階段重複鍛鍊一段長時間之後，那一股熱感循環體內的感覺，便成爲黏黏的感覺。

這個時候若冥想的話，能夠看到光線。起初覺得置身一片朦朧光線之中，繼續修行之後，便會感覺四周有許多閃爍不定的明亮光點。

這種明亮光點的感覺維持一段期間之後，體內黏黏的感覺便集合在下腹部移動，最後以肚臍爲中心繞行，形成球塊，這時候有種恍惚的感覺。仙術書稱這個階段爲「小藥產生」，這是因爲將氣集中而產生了生命結晶丹原。

可是，有些流派認爲只須採藥一次，不必分爲大藥和小藥兩個階段，關於這一點，再作詳細的說明。

主張採藥一次的流派認爲，採藥之後其次是「煉丹」階段，乃指由採藥形成丹的階段。是指在體內由意識來煉丹，而非用手來煉。

在主張分爲小藥和大藥的流派當中，並無「煉丹」階段，不過，它的小藥階段可看成爲相當於採藥階段，而大藥階段相當於煉丹階段。

不論是採藥，或是煉丹階段，都能產生先天之氣（潛在體內的精力），當體內感覺到有一根火柱從軀體之中往頭頂的外部衝時，仙術稱之爲「大周天」的完成。

學成這種仙術時，就能擁有「六具神通」的超能。所謂六具神通，係指天眼通

（透視）、天耳通（透聽）、他心通（識心術）、宿命通（預知力）、神足通（超越時間和空間）、漏盡通（精力不外洩）六種。

同時，在修行中也出現各種不可思議的感覺，譬如，聽見咻咻聲、看見各顏色的光線、感覺一股強大的壓迫力、呼吸好像停止，或者睡眠時意識仍未消失……等感覺。

這種感覺一直斷斷續續地維持到養神階段。丹煉好之後，將丹由下腹部（丹田）送到上腹部（中丹田，又稱為黃庭）時，就能逐漸產生陽神。

這時候將天地之氣（宇宙的能源）吸收在陽神之內的話，將有各種奇怪的現象產生。

比方說「三花聚頂」階段，人之精、氣、神（精神的能源）各放出紅、銀、金色的光線，浮在虛空之中。而「赤蛇歸身」的階段，首先看到一束丹光盤旋在虛空之中，然後倏地像蛇一般穿入人體內。

除此之外，偶而還有看到嬰兒、人或神的幻覺，這是因爲精力經過潛在意識的作用，所產生的現象。

經過這個階段之後，感覺有一束強光從體內湧上頭頂，然後往天空衝出去，之後又像雪花一般飄在空中，掉在地面。

這種階段，在仙術中稱爲「天花亂墜」，進入這個階段後，陽神由中丹田往上丹田（泥丸——頭頂的下方）升時，便進入出神階段，仙術中稱之爲「練氣化神」階段，即指練氣變爲陽神的階段。

【脫離肉體的出神】

將陽神升到頭頂，停留一會兒之後，用光線包住陽神，接著先將光線排出體外，再將陽神排出體外。然後，以同樣的方法將陽神收回體內。剛開始的時候，出神的時間不要太長，等熟練之後，才將陽神放到較遠的地方，並且讓陽神圍著自己的身體繞行。

應注意的是，出神必須在晴朗的日子裏施行，萬萬不可選刮風、陰天和打雷下雨的日子，因爲陽神是構成人形的精神，一旦失神收不回來，後果將不堪設想。

練習陽神和強化陽神的方法，各派不一，雖然，每派的主張的學成期間都是三年，可是其中各個部分的修行期間，互有差異。

根據道教尊神東華帝君的說法：

第七天的時候，能夠出神一步，再回到體內。

第十四天時，走出二步又回來。

第二十一天，走出三步又回來。

第二十八天，走出約一公里又回來。

第三十五天時，走出二公里再回來。

第四十二天時，走出三公里再回來。

一年左右時，能走一百公里再回來。

第二年時，能走一千公里再回來。

第三年時，能走一萬公里再回。

如此經過三年之後，陽神變得強化，可以不必受到自然現象變化的影響，同時能夠瞬間行走千里之處，並且能夠隨心所欲使形體消逝與再現，或者使形體變得很小，到一些小世界遊覽一番，或是走向地球以外的世界遊玩。
這個階段是仙術的最後階段（還虛的階段），不論肉體或陽神都進入了還虛的狀態，而使修行者能與宇宙一體化，永不死亡。
以伍柳派爲例，此派將產生的陽神先存放在體內，然後，藉著震抖身體使之氣化，所謂「氣化」，係指使身體變成氣化的狀態。氣化的練習愈熟練，形體更能夠隨意消失在空間，只在虛空中留下自己的意識。
如果想要回到人間世界，只須聚氣，便可使形體重見。
這種隨著自己的意識，使自己的形體消失或再現的階段，稱爲「煉氣還虛」的階段。
接著，練習使自己和宇宙的本質（道）一體化，這個階段仙術稱之爲「還虛合道」，也是仙術修行的終點站。

第二章

自由自在控制氣

探討生命力的泉源——氣

【構成天地自然的氣】

仙術的修行派別，各有其修行方法和階段，但其間存有一個共通處，那便是如何運用充滿於天地自然的氣。

氣，是一種自古以來被傳下來的一種概念，人類的出生、死亡、國家或社會的形成、繁榮、滅亡，或者是大自然中太陽和星星的運行、打雷、下雨等等，各種現象的變化，無一不受氣的左右。因此，「氣」這個概念對於中國的哲學、宗教、技術、醫學、武術、占卜術，有很大的影響。

其中尤以仙術和氣的關係，最爲密切，因此，我們可以斷然地說，修行仙術而不能體會出「氣」的人，絕對無法修得仙術。

雖然天地自然間各種現象，都由氣指引，不過，修行仙術首先必須了解的是，人體的氣如何形成。中國醫學指出，氣是一氣被身體經絡所網住，而能夠向周圍擴散的東西。

近年來由於科學家以科學的方法分析針灸（亦即經絡學），因而逐漸證明氣的存在。

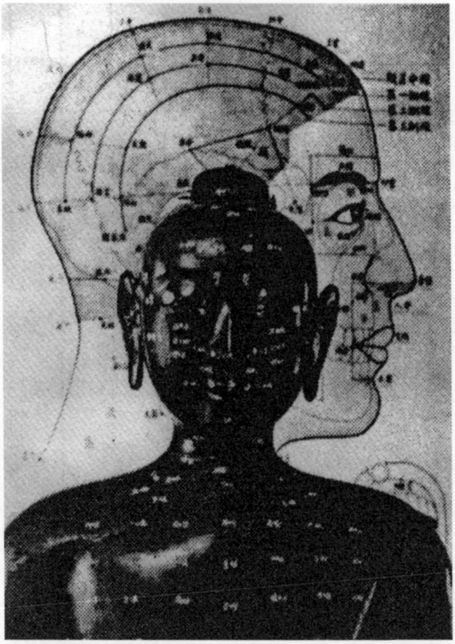

中醫學的經絡醫學，就是根據氣流動的路線（經絡）給人治病的。

中醫學指出氣流動的路線，有十二條經絡、奇經八脈、十五條絡脈的說法，雖然不能完全以解剖學來證明它，可是，近年來經由許多學者的研究，確實證明人體體內某些地方確實有明顯的反應。

譬如，提出良導絡的學者指出，使用直徑一公分的電極測量全身皮下組織的電阻時，發現很多特定部位，很容易通電，將這些部位用直線連接起來時，發現與古代所說的經絡路線差不多，學者將這些部位，稱爲「良導點」，而稱連接這些良導點的線爲「良導絡」，並且利用良導絡爲人治病。

德國佛爾博士也提出相似的學說。佛爾博士指出皮膚表面精力流過的路線，有電流通過，比其他表面皮膚的電阻值強，若將電源接在這條路線的兩端，電流馬上流通。

近代也有一些針灸者，從事這種試驗，以便尋找出人體內的經絡和穴道，並利用這些經絡，爲人治病。

【以解剖學證明氣的流路】

不過，有些學者主張皮膚和肌肉的組織之間，並無經絡存在。

從解剖學的觀點來看，中醫學上所謂「穴道」的地方，和其他部位的組織結構不同，同時「穴道」大多位於肌肉組織中對外界刺激有強烈反應的地方，或位於神經的末梢，或微血管的末端，或淋巴管的末端。而在皮膚和肌肉的結合組織的空隙當中，存有一條溝，溝中充滿組織液，這些組織液不斷地與微血管及淋巴管末端的液體交換，學者將此溝，稱爲「組織腔」。

學者認爲組織腔中液體交換的情形，和離子的產生很有關聯，因而認爲「良導絡」可能就是這些液體的流路。

解剖學學者，詳細地介紹經絡中流動的氣，可是此說並未完全說明出氣的性質。因爲氣不只流動於經絡之中，它還能經由手掌或身體向外放射，或經由空間穿入另一人的體內；又如氣功或拳法中所使用的「發勁」等等。這些並非由流動於經絡中或組織腔中之氣，所產生的效果。

又如美國和俄國有些研究者指出，人體四周包圍著一層能源場，而且所有生物（包括人類在內）的身體，都被一種電磁外殼遮蔽著。

首先提出這些問題的，是美國耶魯大學前解剖學的教授哈洛克•巴博士，他指出，所有生物的軀體周圍，有一層電磁包圍著，並不時地影響生物。

他又指出電磁對於生體（生物的身體），扮演一種鑄型的角色，細胞的生滅、增減，皆受電磁的操縱。

巴博士從樹葉一直到人體的實驗，網羅各種生物作爲實驗的對象，因而確立他的見解。

俄國塞爾蓋耶夫博士，也提出相似的理論。他設計一種安置在離人三～四公尺，測量人體周圍電磁強度的機器設置。

在日本市場上，可買到這種簡單的裝置。

耶魯大學神經精神病學的權威教授李奧拿特．拉烏茲博士，發現遮蔽在人體四周的電磁場（今後出現時稱之為身體場，或身體能源）和心臟的跳動有密切的關係，同時在測量皮膚表面的電磁時，發現經由表面皮膚電流的流動情形，可以測出一個人的心理狀態和熟睡的程度。

俄國基魯里安發明一種用肉眼能夠看到身體能源，同時能用相機拍攝下來的機器，經由這種機器所拍攝下來的相片，我們可以肉眼清清楚楚地看清生體場的大小，以及健康狀態，或目前的情緒動態。

現在有人發明一種比基魯里安所發明的構造更簡單的眼鏡，利用這種眼鏡也可

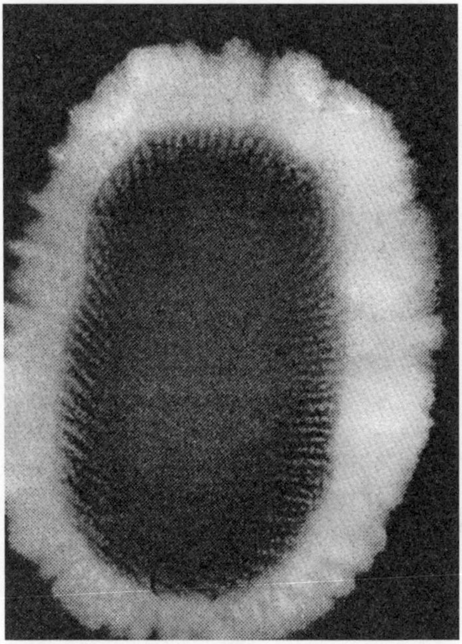

利用基魯里安所發明的機器拍攝，從手指發出來的身體能源。

以看到生體場。

結果才發現世界上各種事物，都能發出氣，大多數好像是從磁鐵輕輕放射出來的磁力線一樣，不過，有一些能夠放射出強烈的感覺。

自從，瑜伽術創立以來，修行者除了可以手掌觸摸感覺氣之外，也可以眼睛看到身體能源，同時發現以眼睛所看到的氣，和身體場中產生的氣是相同的。

這一看法，並非作者本人的主觀見解，而是一般能夠體會到氣的修行者的普遍看法，也是使用身體場測量設備和使用測量氣的眼鏡，所觀察的結果。

經過數次試驗，結果大致

相同，雖然各人修行的方法不同，可是，發現生體場和氣的地方，大同小異。

在試驗中，由於使用氣的緣故，因此，也可以觀測出對方的健康和心理狀態，尤其當對方身體不適時，常常在相當於對方健康欠妥的部位，發生不適的感覺，而且若站在氣的觀點來說，兩個相同部位所產生的氣的顏色、大小、型態大致相同。

經過這些測試後，才了解氣和生體場原來是相同的，進而發明一套符合科學性、合理性的鍛鍊方法。

氣的訓練方法

從本章起，開始介紹氣的訓練方法，單純了解仙術的修行，還不能稱爲仙人，還須實際操縱仙術修行的內容，才能變成仙人。

氣的訓練，可以分成幾個階段，最簡單的方法是，用手掌來感覺氣，不過，這只不過是仙術的入門功夫罷了。

在還不能作成使氣在體內循環一周的小周天之前，還不要太高興，因爲手部感覺氣的訓練，只是幫助初學者更快感覺到氣而已。

【手掌感覺氣的訓練】

爲了體會氣，首先必須訓練手掌的敏感度，本節以圖解介紹訓練內容，按部就班介紹過後，再作進一步的修行訓練。

⑴兩手合掌摩擦，直到產生微熱的感覺爲止。

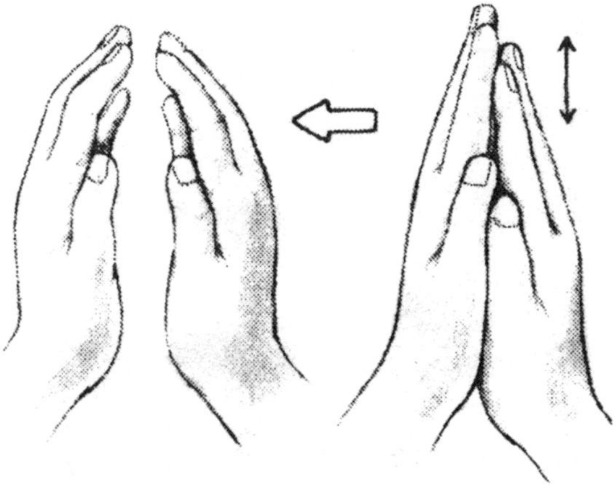

(2)(3)雙掌保持3公分左右距離，眼睛凝視掌部。

(1)雙掌摩擦至產生微熱的感覺。

(2)雙手保持三公分的距離，手指放鬆。

(3)眼睛凝視手部。

若作完這些步驟後，雙手有獨特感覺，你的試測成績將相當高。

所謂獨特的感覺，有下列三種：

①好像觸到靜電的感覺。

②好像碰到從磁鐵放射出來的磁力線的感覺，或有輕輕的壓力感，或微風吹來的感覺。

③從手掌發出熱感（有點暖和感覺）。

若有①感覺的人，手掌部位最敏感，若有③感覺的人，手掌對氣的感覺最遲鈍，最標準的是②感覺的人。

作完⑴～⑶步驟爲止，對氣感覺遲鈍的人，或沒有任何感覺的人，必須繼續作如下的練習。

⑷雙手保持三公分的平行距離，各作上下、左右、斜方向移動，要領是移動時動作緩慢，不要太快，同時兩掌的距離，不可超過三公分。

作完⑷之後，或許有些人的手指頭或手掌邊緣四周，會感覺到氣，發生這些情形時，不必慌，因爲有些人對於氣的敏感地方，是這些部位。

只要針對這些部位，繼續作重點性的訓練，也能訓練到整個手掌都能感覺到氣。如果⑴～⑷練習數次之後，仍然沒有任何感覺的人，請繼續作⑸以下的訓練。

⑸兩手保持三公分距離，然後拉開爲相距六～八公分，手指儘量向內彎，手指放鬆。好像雙手握著球那般。

⑹雙手各依逆方向旋轉（和原來的位置成九十度），好像在打開罐子的蓋子一般。

⑺或是依⑸的狀態，兩手掌慢慢拉開，再慢慢靠近。

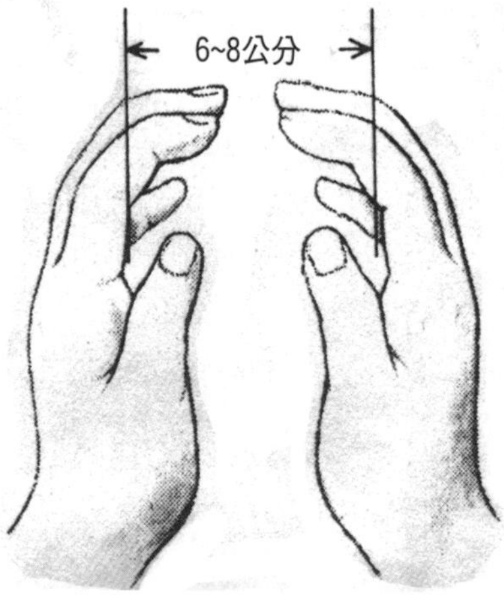

⑸好像輕輕握住氣球般的感覺。

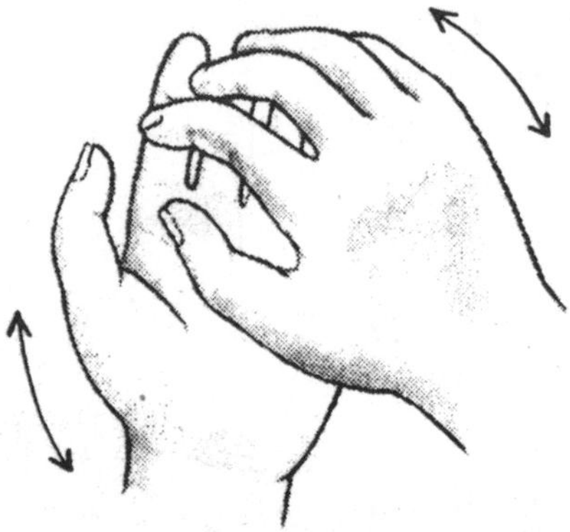

⑹手掌各向逆方向旋轉。

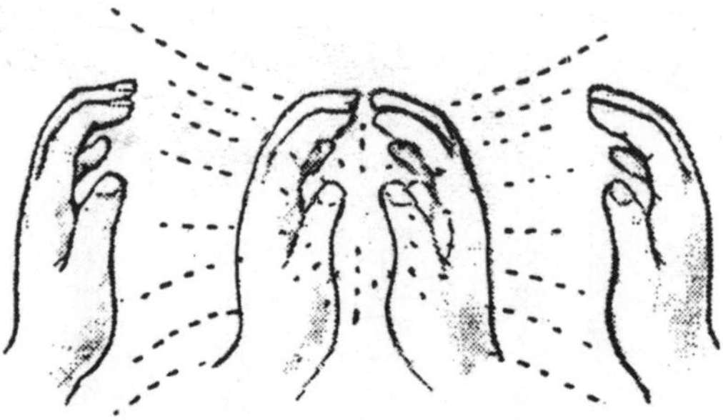

⑺雙手輕輕拉開後又接近。

作完⑸～⑺動作後，大部分的人，在手掌中已有異種感覺。

作完⑴～⑷動作，能感覺到氣的人，若繼續再作⑸～⑺動作時，對氣的感覺愈強，有些人雙手間好像握住汽球般，而且隨著手部的拉開、接近，掌中汽球也隨之擴張和壓縮。

老實說，作完⑴～⑶動作後，能感覺到氣的人，少之又少，大部分人都是在作完⑸～⑺動作之後，才對氣有一點點感覺，因此作完⑺動作後，仍無任何感覺的練習者，切莫灰心，必須再努力繼續嘗試下去。

要領是，動作不要拖拖拉拉，練習期間不必太久，假使時間內無任何反應的話，則暫停一段時間，不過，一天最好至少作數次練習，一直到手掌對氣有感覺爲止。

經過長期練習仍然無法感覺到氣的人，必須自我反省一下，是否因爲心情太緊張的關係，因爲手臂、肩膀、脖子和背部若是太緊張，或太用力，就很難感覺到氣。

而且勉強自己練習時，由於精神方面有壓力存在，也不易感覺到氣，因此，修行時心情儘量放鬆、集中意識於手掌而練習。

【體會他人之氣】

手掌能感覺到氣之後，接著練習感覺他人或其他物體之氣的練習。

對於手掌無法感覺到氣的人，也無妨先作這種練習，假使順利，也許可能因爲能夠體會到他人的氣，而能感覺到自己手掌中的氣。

在雙人感覺氣的訓練當中，最容易的是體會他人所散發出來的氣。茲介紹如下：

(1)先找一位適當人選，兩人對面直立或坐著，保持數十公分的距離。

(2)兩人各伸出手，手掌與手掌之間，保持五～十公分的距離，首先只伸出一隻手試一試，然後再伸出另一隻手。

(3)雙手掌各向上下、左右、斜方向移動，測試一下能否感覺到對方放射出來的氣，然後手掌拉近再拉開，試一試能否感覺到他人的氣。

(4)其中一人將手掌朝下（地面），另一人的手掌向上（天空），兩人雙掌保持十～十五公分的距離，好像之間握住方形箱子一般的感覺。或者兩人手指指尖朝

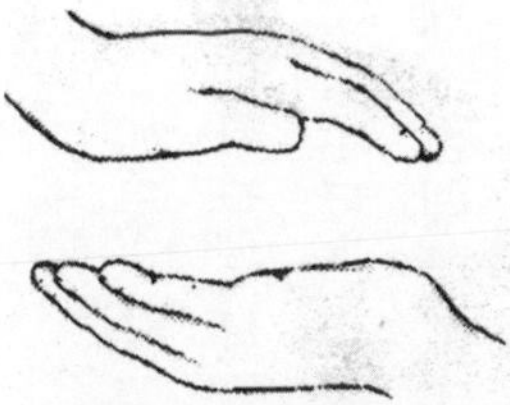

⑷手掌上下相隔10~15公分或如圖⑸左右相隔10~15公分。

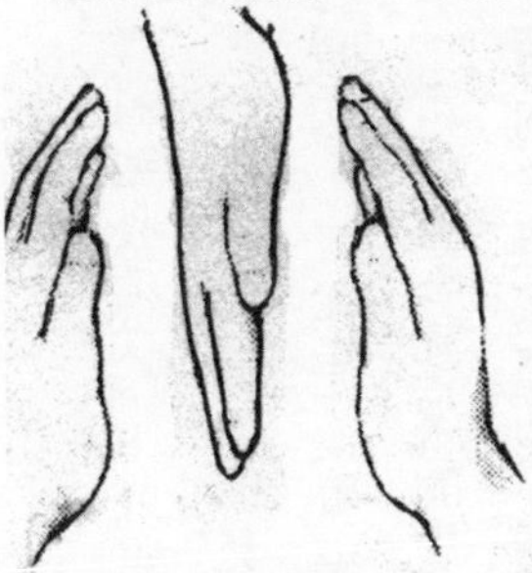

⑸從兩手掌中間切入。

⑵手掌與手掌間相隔5~10公分。

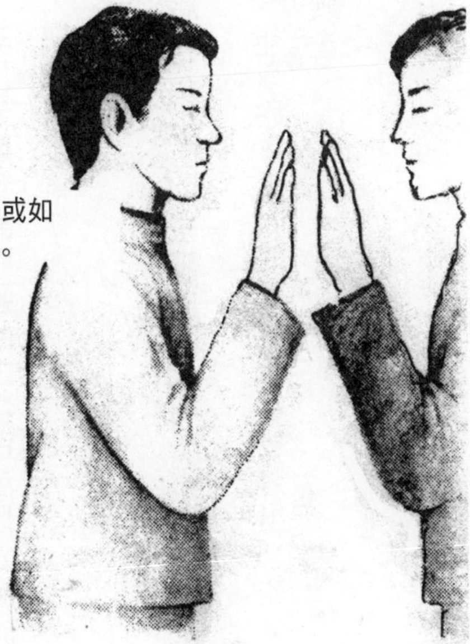

上，雙手手掌保持十～十五公分的平行距離，與單人感覺氣中⑵的動作相似。

⑸第三人將手插入兩人手掌之間時，便會感覺到兩個手掌所放射出來的氣。

⑴～⑸動作，不妨多換幾位對手做看看，對氣敏感的人，除了能感覺到對方的氣之外，還能經由對方放射出來的氣，了解對方氣的性質、心理狀態，或情緒的變化。

兩人感覺氣的訓練當中，有時候可能發生互相吸氣的結果，假使無不良副作用產生，這種現象無關

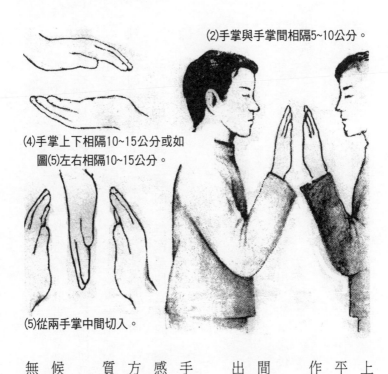

緊要。

如果，練習當中覺得手掌很冷，或者練習後覺得很冷的人，以後千萬不要再跟這位對手作氣的訓練，否則自己體內的氣會被他吸光，導致生病。

相反地手部覺得暖和，或作完後覺得精神充沛的人，最好儘快結束與對手的訓練，否則繼續作下去，可能導致吵架的局面。

至於利用意識將體內之氣送至他人體內，或吸取他人身上之氣，或控制氣的訓練，留待以後再作介紹。

【感覺對手的生體場】

能以手掌感覺對方從手掌放射出來的氣之後，再試著從對方手掌以外的部位感覺氣。

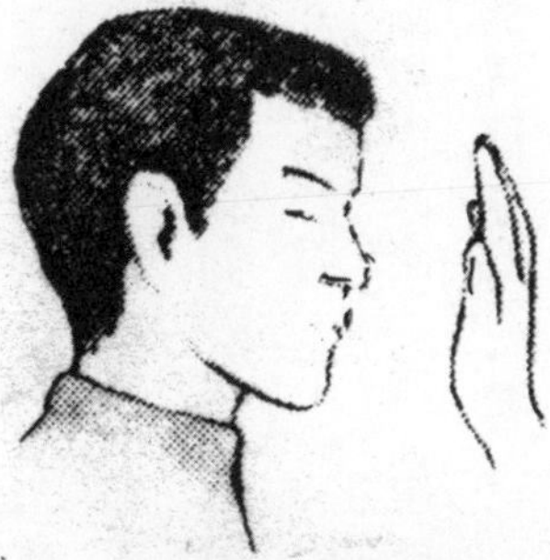

⑴感覺對方頭部的氣。

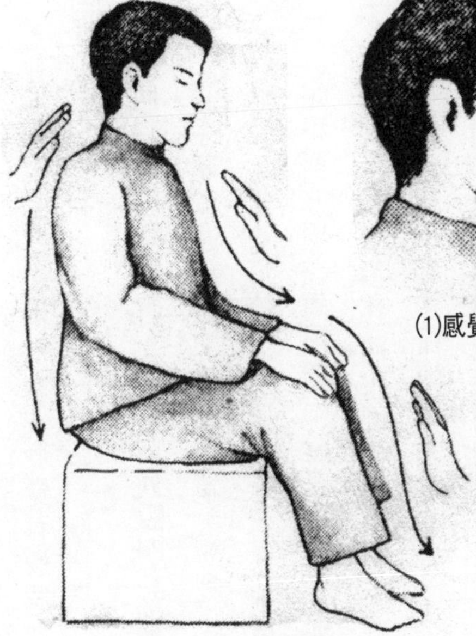

⑵感覺對方全身的氣。

從對方的身體感覺氣

⑴從頭開始，將手掌放在靠近臉部、頭頂、後腦部位，依序慢慢移動手掌，或者靠近後又拉遠，以此作法感覺對方發射出體外的氣，要領是手掌慢慢地移動，否則無法感覺對方的氣。

⑵請對方坐在椅子上，將手掌先放在手臂的附近，然後依序沿著胸部——腹部——下半身——腳部，慢慢移動手掌，然後，將手掌放置頸部後面，沿著背部往下慢慢移動。

發現患病的部位

作完以上動作之後，假使發覺有幾個地方放出特殊感覺的氣時，那便表示這幾個地方有些異常。

假使有這些感覺時，請依左列說明分別處理。

(1)將手掌放在患部附近，停留一會兒，看看自己的手掌有何反應。

(2)假使手掌覺得冷，那便表示對方罹患衰退性的疾病（例如：胃或腎的功能失調），如果對方現在尚未發生這些病症，那便表示將會發生這幾種病症。

(3)假使手掌覺得疼痛，那便表示對方罹患惡化性疾病，比如罹患胃癌等（對方在這些如異常部位有疼痛的感覺或熱感）。

假如對方是(2)衰退性疾病的患者，當你將手掌放在患部附近時，對方會覺得患部較為舒服。不過，如果，你一直將手掌放在患部附近不拿開時，你會覺得手掌漸漸變得冰冷，而且假使你的手掌是放在對方的胃部附近時，經過一段時間之後，由於胃部地方的氣，已被對方吸去，你整個人會突然覺得虛弱。

瞭解這種結果之後，下次當你又遇到一位衰退性的病患時，請記得趕快拿開手掌。

假使對方是罹患情形(3)的惡化性病人，當你將手掌放在患部附近時，對方不但不覺得舒服，反而覺得更疼。

治療者本人若懂得控制氣，便可治療此種病症，不過目前尚未介紹氣的控制方法，因此對於情形(2)或(3)的治療方法，暫擱一旁留待後文再作介紹。

當你練習到這個地步時，表示你的功夫已大有增進，因爲此時，你不但能夠用手掌發現他人身上的患部，還能指出對方的病因。

了解生體場的大小

能感覺對方身體發出來的氣之後，將手掌和軀體之間的距離拉遠，以便測量對方的氣能夠放射多遠。

約離人體一～二公尺處，也許能夠發現一層遮蔽身體的能源場，瑜伽稱之爲「歐拉」（與氣的性質相同）。

前面曾介紹過，手掌所能感覺到的氣，其實只不過是生體場的一部分而已！手掌所感覺的只是存在於身體外表中最強烈的氣，也是體溫或紅外線等能源最強的部位。

【訓練手掌的超能感覺】

經過以上的訓練，能夠感覺氣之後，開始訓練自己感覺人體以外的生物或無生物所發出來的氣。

首先從身旁的動物作起。動物所發出來的氣和人體所發出來的氣差不多，又由於動物所發出來氣的溫度，和人體的體溫差不多，因此，即使感覺遲鈍的人，也能感覺到一股熱氣。

相反地，植物並不放出熱氣，是一種最好的練習對象，不過，如前所述只有「一人感覺氣的訓練」中③感覺的人，是無法作到這一點，唯有練習至有②感覺時，才能成功地由植物身上吸氣。

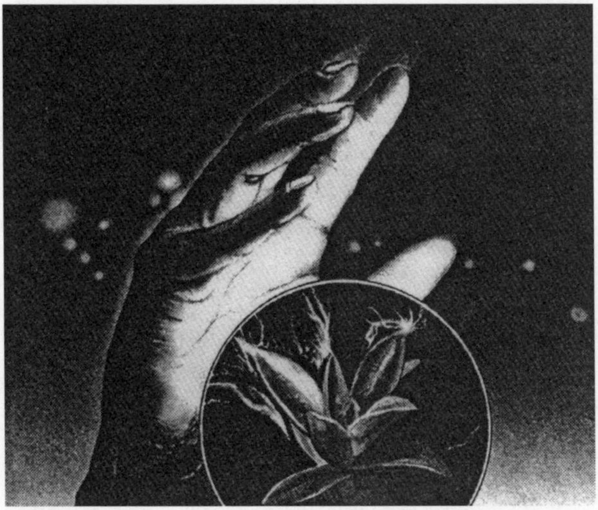

各種植物的生體場

植物的種類繁多，首先由身旁供觀察用的植物作起，方法相當簡單，只要以手掌對著目標（植物）作上下移動，或接近又拉遠的動作即可。

也許你會感覺到一種碰到磁力線，或碰到汽球時有一股壓力感那般的感覺，或許你也能感覺到這種氣將整株草木籠罩其中，不過這些感覺也很可能因人而異。

這種氣的感覺，也隨著季節的變化，而有不同的形狀和強調，比方說，花兒以長蕾到開花期間，所發出的氣最強，花凋謝後氣的強調轉弱。

不過，樹的生體場較穩定，雖然樹葉茂盛的盛夏，所發出來的氣較強，樹葉掉落的冬季，所發出來的氣較弱，但是它不像花兒那般極端的變化。同時樹愈高大，它的生體場愈強。

無生物也能放出來

體驗過樹的生體場之後，接著訓練自己感覺礦物、金屬等無生物的生體場，其作法是，將手掌擺在目標物的附近，測量它氣的強度。

無生物之中，以磁鐵所發出來的氣，最有具體性，即使感覺遲鈍的人，也能感覺到它所發出來的氣；同理寶石也能產生強烈的氣。

若以普通石頭和樹相比較，石頭發出來的氣較弱，不過其中也有能夠發出強烈之氣的石頭，其中尤以有來歷的石頭爲代表，提醒各位的是，千萬別選墓碑類的石頭，作爲練習的對象。

護身符也能發出氣

最有趣的是，書或畫雖然只是一般紙張，不過由於其中字句或圖畫，是作者集中精力書寫出來的，因此，書畫也能發出氣。

一位功力深厚的修行者，只須將手掌放在書畫的上端，便能測得當時寫字或書畫的人，用多少力氣來寫或畫。

作者有一位教書法的朋友，寫每個字都相當用心，因此，每個字所發出來的氣大同小異，可是，看另一位年輕朋友的字體時，却發現開頭幾個字放射出來的氣非常強烈，中間轉弱最後幾個字氣的強度更弱。

爲了證實自己的猜測，親自拜訪這位年輕朋友，他果然回答：「剛開始時，很用力寫，可是寫到最後，就沒力氣寫了。」

同樣的，寺廟的護身符也能放射出很強的氣，但其中也有例外，有一些可能只能放出一點點的氣，或根本無法放出氣。

有些護身符雖然用印刷的，不過只要經由具有強烈之氣的人，用手掌送一些氣到護身符上面，也能發出很強的氣，假使經由具有強烈之氣的人士，親自手繪護身符，護身符更能放出強烈的氣。

有些印成各種形狀（如八卦、密教的曼荼羅）的護身符，由於形狀本身已含有放射能源，因此，即使不是用手繪成的，也能放出很強的氣。

如此進行一連串訓練之後，自然能夠了解充沛於天地自然之間的氣。學到這個步驟時，可說已踏入仙術的奧妙世界之中。

控制氣的秘訣

經過訓練感覺到氣之後，接著學習如何控制氣。以前曾介紹過，只能感覺氣而不能控制氣的人，仍然不算已學會仙術。

【送氣與吸氣的方法】

所謂控制氣的訓練，是指經由自己的手掌吸取對方之氣，或將自己體內之氣送予對方的訓練。

這種訓練，可以選擇大樹作爲練習的目標來練習，不過，初學者還不知道如何送出氣或吸入氣，因此，剛開始的時候，最好是兩個人一起作這個吸氣和送氣的練習。

如前面所介紹的，兩人進行感覺氣的訓練，假使自己體內之氣被對方吸走時，手部會覺得無力，相反地，若是吸取他人體內之氣時，手部會變得暖和而且精神充

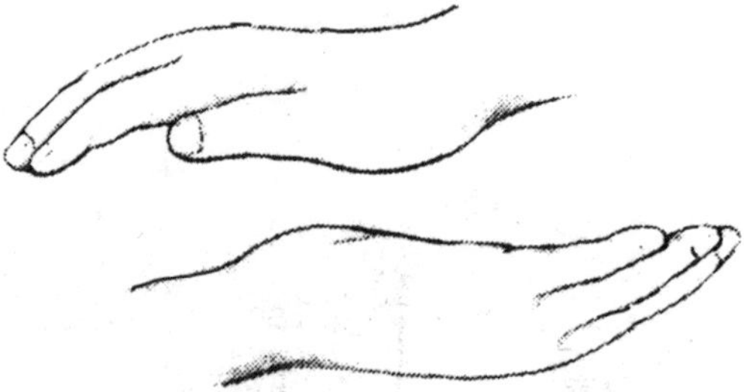

(1)掌底平行，並相隔3~5公分。

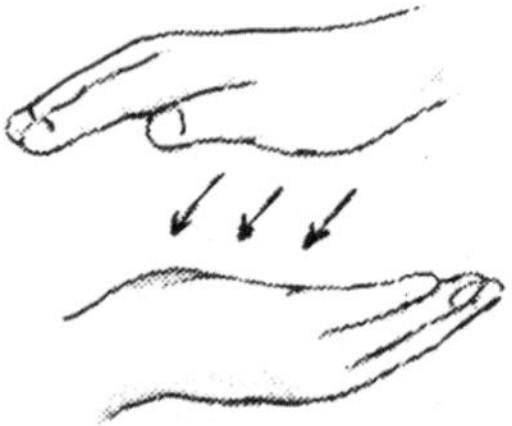

(2)上面的手掌將氣送入下面的手掌。

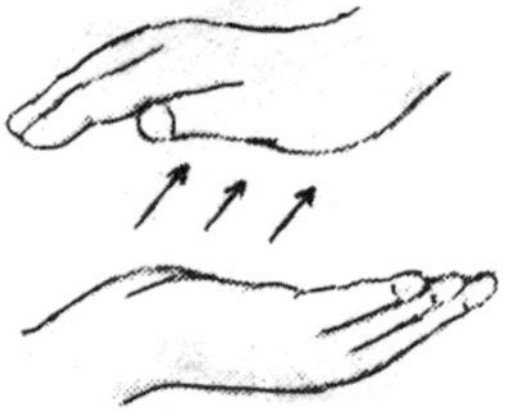

(3)上面的手掌吸取另一手掌的氣。

沛。

練習中，假使兩人手掌之間有一種像微風吹動的感覺，或一股空氣進入自己手部的感覺，那是再好不過的事。

茲將具體的訓練方法，介紹如下：

(1)一人手掌向上（天空），另一人手掌向下（地面）。

這時兩手掌保持三～五公分的距離，同時掌底（接近手腕部位的掌心）和掌底保持平行重疊狀態。

(2)向對方送氣：以(1)的姿勢，集中意識，想像自己的氣經由自己的手掌，流向對方的手掌內部。假使不太順利，那麼視線集中於下手臂，下腹用力，漸將視力移到對方的手掌和手腕，同時想像自己的氣，隨著視線的移動，流動到對方的手掌。

如果對方的手掌覺得暖和，或有力氣的話，表示你的氣已流入對方的體內。

(3)吸取對方的氣：以(1)的姿勢，首先集中意識，想像著對方的氣，再經由自己的手掌，流入自己的體內。

如果自己的手掌變爲暖和，或者好像有一股氣流流經手掌，進入手臂時，那便表示吸取對方之氣的操作非常成功。

假使不成功的話，比照(2)的方法，集中意識移動視線，下腹用力即可。

這種訓練對於氣的控制，很有助益，不過缺點是，由於互相吸氣，可能有損彼此的健康和感情（因為氣和心能的關係密切）。

因此不可濫用這個訓練，同時愼重選擇一同練習的對手，爲方便各位讀者起見，提供各位一些選擇對手的標準：

適當的對手

(1)健康而且投契（指意識上）的異性。
(2)健康又投契的同性。
(3)家人或親戚。
(4)精力旺盛的人。
(5)活潑的小孩。

不適合的對手

(1)生病的人。
(2)討厭的人（包括不投契）。
(3)皮膚不潔的人。
(4)身體衰弱的人。
(5)脾氣不好的人。
(6)個性不好的人（自我觀念強烈的人）。

進行送氣和吸氣的訓練時，也可以利用「感覺氣的訓練」中所提到的手形，亦即兩手掌指尖朝上，保持五公分的平行距離，可以單手或雙手作這個訓練。

【從動、植物吸氣】

學會對人送氣和吸氣的動作之後，接著學習從動物、植物、礦物或工具吸氣。

(1)從家中的狗和貓等動物作起，作法與對人吸氣的方法相同，都是從手掌吸取對方的氣，所不同的是，可不必送氣給對方，因爲我們若是對貓或狗送氣，牠們頂多只是「喵！」或「汪！」叫一聲而已，對牠們毫無任何幫助。

(2)練習從植物吸氣：

要領是，儘量選擇放射性強烈的花木。

作法是，將手掌放在目標物的附近，同時集中意識想像，將對方的氣吸到自己的體內。

以樹木爲例，將雙手放在樹梢附近，集中意識吸取它的氣味，氣會經由手掌、進入手臂，直到足部。

從植物吸氣，所獲得的功效相當大，當你疲倦或緊張的時候，只須作十～十五分鐘，心情馬上恢復平靜、舒坦，同時精力變爲十分充沛，假使每天持續練習，身體孱弱者也能變爲強壯。

而且植物對於人，並無投契與不投契之分，因此不必考慮這一點的忌諱，不過，受到機車排出的廢氣而遭污染的花木，它所放出的氣對人體無益，因此，選擇練習的對象時，最好選擇生氣蓬勃的花木。

(3)練習從礦物吸氣：

因爲礦物的能源場和人的生體場的波長，有時候不能配合，因此，當你的手掌覺得不順暢，或不舒服時，馬上停止練習。

假使覺得非常舒服而且精神充沛時，便可以一天作數次練習。

(4)練習從工具吸氣：

譬如說磁鐵、訓練健康體操的器材或電線的插座等。用手掌吸取這些工具的氣，身體也會覺得非常舒服，作者曾經用手掌對著電線插座作將近二小時的吸氣練習，結果發現獲得相當於五、六粒蒜頭的精力。

氣的超能力

【神仙的手掌療法】

前面曾介紹過，利用手掌找出對方患病部位的訓練，如果你已學會吸氣和送氣訓練，也能替人治病，不過隨著替人療病的次數，體內的精力隨之遞減，這時候必須補充自己的精力，否則自己也會變成病人。

因此，下節介紹幾種補充精力的方法：

⑴手掌放在對方身體的附近，慢慢移動。

⑵移動之中，發現某些地方有特殊感覺時，暫時將手掌停在這些地方。

⑶手掌覺得冷涼時，表示對方患了衰退性的疾病。

接著，將氣慢慢輸送給對方，直到對方表示患部覺得暖和或舒暢時才停止，如果這時感覺體內相對於對方患部的部位也不舒服時，必須趕快補氣。

補氣的方法

最好的方法，是以健康又精力旺盛的年輕人爲對象，作吸氣的練習，其次是以活潑小孩爲對象來作吸氣練習。

作法如前所述，手掌放在對方的附近，運用意識和視線，吸取對方的氣。

如果一時找不到適當的人選，則選擇草木作吹氣的練習，依作者本身的經驗，松樹一年四季都是吸氣練習的好素材。

最簡便的方法，是將手掌對著太陽或電熱器吸取熱能，除此之外，將手浸在熱水中，或使用溫灸（**未經加工的灸草，用十公分寬的四方形紙張，捲成筒狀**）用火點燃，然後將手掌對著灸草，溫十～十五分鐘，也能作吸氣的訓練。

如果胃部不舒服、身體無力，而且食慾不振的話，則煎人蔘十～二十公克的藥湯來喝，或用銀紙包住二顆蒜頭，放在火上烘熟後，趁熱吃下。

(4)如果手掌放在患部上方，覺得疼痛或感覺到有一股強烈的氣從患部放出來時，對方便是一位惡化性疾病的患者。由於你的手掌放在患部上方，只是吸取病人身上的氣而已，因此，這一類患者大多不喜歡有人將手掌放在他患部附近。

(5)手掌放在患部一會兒之後，如果手掌覺得沈重，而且心神不寧、全身疲倦的話，在問明患者的感覺之後，馬上停止手掌治療。

作者曾經使用過這種方法，替幾位無法咀嚼食物的牙痛患者治療過，每天治療十五分鐘幾天後大部分患者都能進食。

＊注意：治療惡化性疾病的患者，治療者本身的氣不會被吸走，但對方的毛病，會移轉到治療者的身上，因此，治療工作完成之後，記得對著植物或其他物體，將體內的邪氣放出去，在此應注意別對著別人放出體內的邪氣。

【幽靈也是氣的型態之一】

心靈學不太討論幽靈，並非不承認它，而是將它認爲氣的型態之一。

因此，仙術並不包括心靈學在內，充其量只將它當作控制氣的方法之一。

世界上也許眞的有幽靈，但是因爲它們不存在這個世界，我們只能憑感覺來發覺它。

有時候人的憤怒、哀怨會形成強烈的感覺參入空中，聚爲能源場（亦即氣），神學者常常因爲不習慣這種現象，而將之稱爲眞正的幽靈。

幽靈的波長與氣相似，經由人的潛在意識，經常將它描述或具有人或動物的型態。其中又以精通氣者與之接觸最多，由於「幽靈」對氣的傷害非常大，因此應避免接觸這一類的東西。

幽靈的控制，分爲二種，一種是利用氣將超自然現象（幽靈）引導出來，另一種則是利用氣將幽靈送回去。

企圖接近幽靈之先，最好先懂得如何導出和送回的二種方法，否則雖能引導出來，却不知如何將它送回時，將帶予本身莫大的困擾與麻煩。

引出幽靈的方法

引出幽靈的方法，有兩種。

第一種是從空間中將幽靈引導出來，作法如下：

⑴首先，只作單手畫圓圈的動作，至於手部先向左或向右轉，則隨個人喜好。

⑵慢慢旋轉手掌，旋轉中覺得空氣愈來愈沈重，並且帶有阻力感時，才是標準的作法。

⑶接著兩手掌朝前伸出，交叉重疊之後，再分開，然後再交叉、再分開，如此反覆作數次後，兩手掌各依相反的反向，作圓型旋轉。

與單手操作所得效果比較起來，以雙手操作，所獲得的效果較大。

第二種，是引出人體本身所潛有的幽靈，作法如下：

⑷將手臂略爲伸直，精神貫注於手指間。

⑸然後五指好像拉引某物一般，將對方的氣拉過來，直到手臂碰到腰際，然後按前述作法，重複作數次。

特別提醒各位的是，這個動作並非運動，因此，五指抓空氣，或擺動手部，並不包含任何運動意義，只是訓練手掌感覺氣而已。因此，必須作到覺得空氣流動的速度，愈來愈沈重，或有種阻力感才行，否則毫無效用可言。

(1)單手掌圓形運轉。

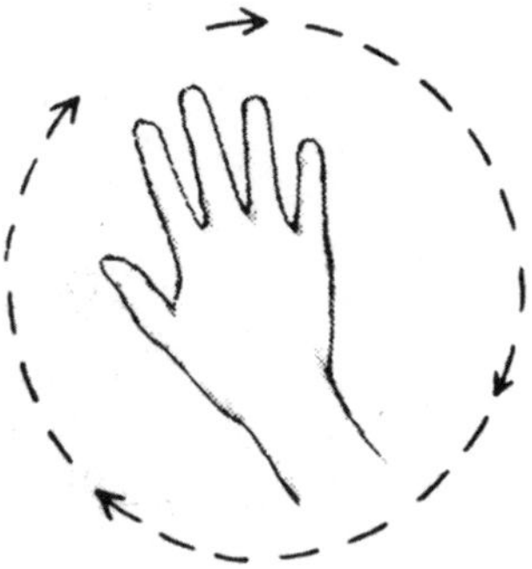

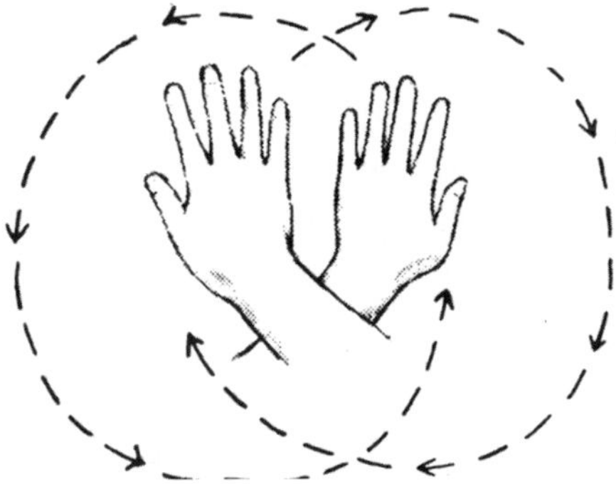

(3)雙掌各依相反方相旋轉。

(4)(5)以手掌拉引對方的氣。

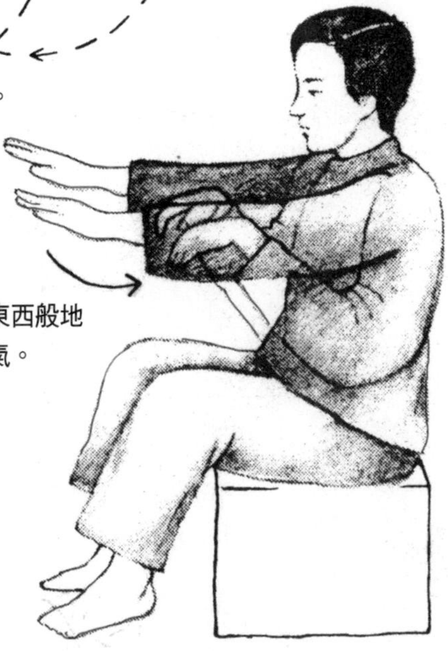

好像拉東西般地
抓住空氣。

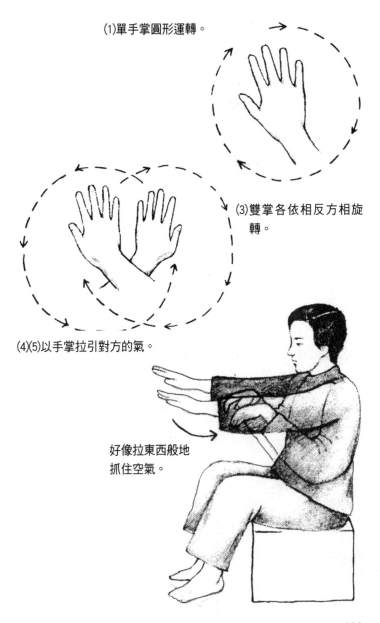

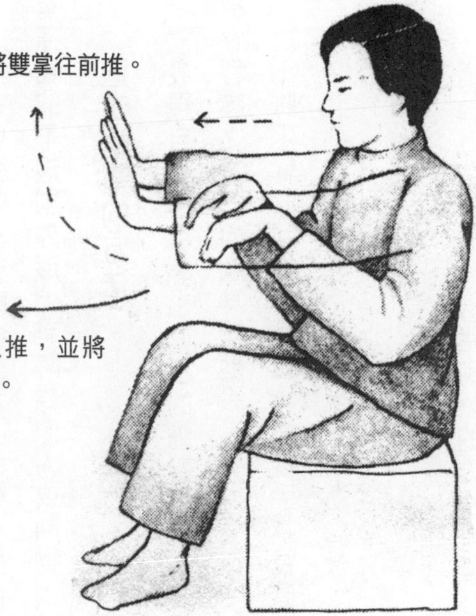

至於所引導出來的幽靈，其眞假性如何，可以下列現象檢驗。

◎房間內的氣氛，突然變得陰森森地。

◎窗戶並未打開，可是背部和腹部，有一種冰涼的感覺。

◎脊椎骨好像有一股電流由上往下爬。

◎房間內漂著薄薄的煙或霧。

以上四種現象中，如果同時出現二或三種時，則表示已出現眞正的幽靈。這個時候，伸手摸摸周圍的空氣感覺最冰冷或最怪異的地方，便是幽靈所在之處，由於肉眼無法看到幽靈，因此，我們只能用手摸索它的形象。

作者曾經親身試驗過幾次，結果，發現幽靈的表面，有時候像汽球，有時候具有蓬鬆的不規則外形，有時候像人或動物，不過，都沒有頭或者只有上半身。

送走幽靈的方法

發現自己已引導出眞正的幽靈之後，趕快將它送回去，否則自己的精力，恐有被它吞噬之虞，而且身體變冷、覺得疲倦。

(1)將手臂收回靠近身體，然後手掌豎直，由下往上推。

(2)直到前述四種奇異的現象消逝之後，才停止。

封閉幽靈的方法

這種方法適於「送走幽靈的方法」操作時，無法趕走幽靈，或未引出幽靈而幽靈自動跑來等兩種情況時使用，方法如下：

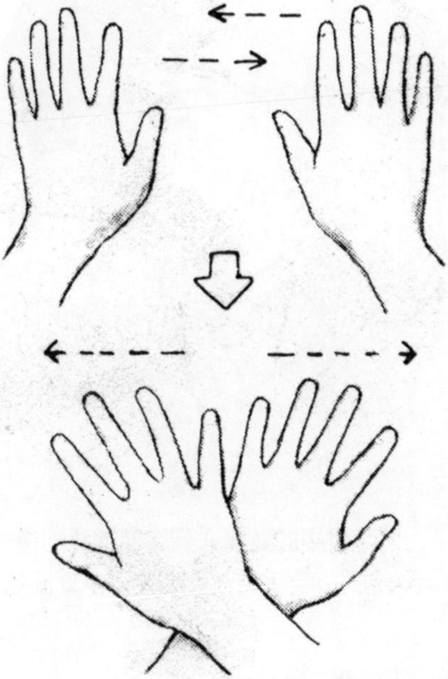

(1)雙手交叉在前，但是不作旋轉的動作。

(2)兩手掌重複作交叉、分開兩種動作，如果採用單手操作方法時，手掌只須向左、向右擺動卽可。

(3)另一種方法是，用整個手掌寫「九」這個字（非用手指寫），畫完之後，手掌向前推去。這種方法所獲得的功效相當大。

依作者本人的經驗來說，以被幽靈迷惑住的人作爲實驗對象時，使用引出幽靈方法中之(3)，和送走

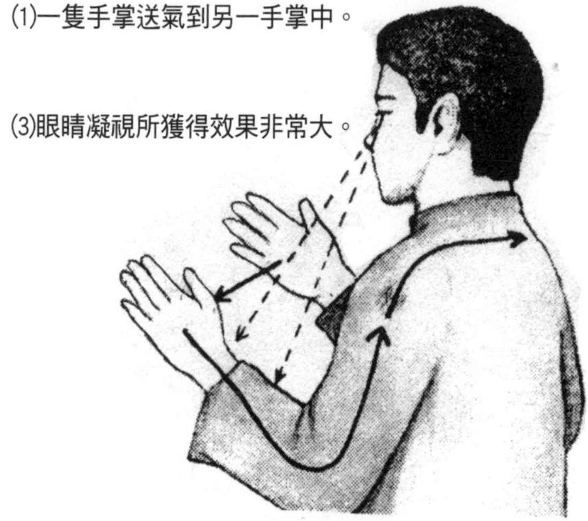

將手臂中的氣運送到胸部或背部後，
再將氣送到另一隻手臂，使氣在兩手臂間循環一周。

幽靈的方法等二種作法所獲得的功效較大，可是，這兩種作法無法制服到處遊蕩的幽靈，必須使用引出幽靈方法之⑴⑵，和封閉幽靈法，才有功效。

換句話說，前者方法適於「憑依靈」，而後者適於「浮遊靈」。

除此之外，封閉幽靈法也可運用於引出幽靈，比方說，對方惡意地將邪氣放到你身上時便可以利用這種方法將邪氣送回去，使對方以後不敢再輕舉妄動。

假使技巧純熟的話，還能將對方的詛咒，還給對方。

【使氣循環的訓練】

能夠隨意吸取對象（包括人類）的氣，或針對他們（牠們）送氣之後，接著開始作下列的練習，如果學會的人，便可以不作小周天階段的練習，直接進入全身周天和大周天的練習階段。

使氣在手部循環的訓練

⑴左右手掌平行對立作感覺氣的訓練，感覺氣之後，其中一隻手掌對另一隻手掌放出氣，同時訓練接氣的一手能將放出的氣，攝入手掌內。

⑵接氣的一手能夠感覺另一隻手放出來的氣之後，將攝取到的氣引導入手臂的位置。

⑶集中意識，使氣隨著視線的移動而流動。

⑷覺得氣跑到手與軀體交接處之後，將氣移至胸間或背部中央，接著流回剛才發出氣的手臂，如此，使氣在兩手循環一周，重複數次。

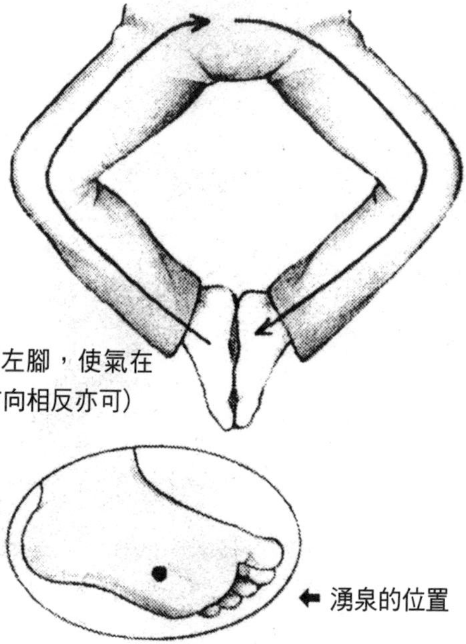

⑶將氣由右腳送到左腳，使氣在腳間循環一周（方向相反亦可）

湧泉的位置

⑸這項練習的要領，是首先感覺手掌中的氣成點狀，而在手臂中流動的氣成線狀流動（注意：氣隨著視線的移動而移動）。

使氣在腳部循環一周的訓練

⑴盤腳坐在地上，腳掌貼著腳掌成畚箕狀。

⑵集中意識於腳掌的凹處，或湧泉穴，這時候所感覺到的氣成點狀。

⑶開始讓氣流動，首先使氣流向右腳（或左腳），一直到腰間，再讓氣流到另一隻腳中（原來發出

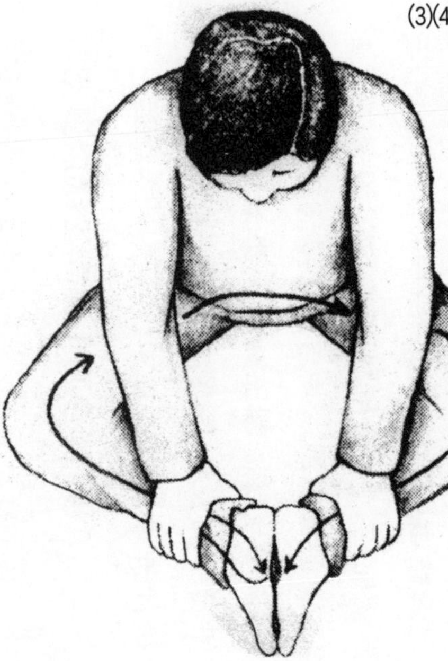

(3)(4)的操作不太順利時，便可將兩手握住足踝，由手掌送氣到腳掌繼續作使氣循環一周的訓練。

處），而使氣在腳間循環一周。

(4)操作不太順利的人，便將兩手握住足踝部，由手掌送氣到腳掌中，再作前面所說明的練習。

傳統仙術主張，女性最初修行的是「從手送氣的訓練」，而男性最初修行的是「從腳送氣的訓練」，不過現代已無如此說法了。

剛開始操作這兩種練習時，所體會到的氣不太明顯，或者只是斷斷續續的感覺；長時間練習之後，氣的感覺才變得明顯，或者產生一種神奇的感覺。

學會這二種練習之後，再作以

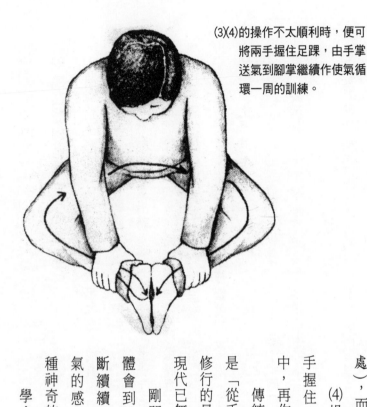

下所介紹的各種練習。

使氣在體內循環一周的訓練

⑴將氣移至胸間（仙術中稱為膻中之處）或背部中央（夾背）、腰部（命門）三處，停留一會兒，同時以強烈意識集中這些地方，直到產生電流或壓力感般的感覺之後，再集中意識，使氣沿著身體的中央線向上或向下移動。

⑵從胸間開始送氣的人，將意識由膻中移至臍及下腹等前面的軀體。

⑶在下腹部停留一會兒後，再加強意識而使氣由肛門移至尾骶骨——腰部——背部中央——脖子——後腦——頭頂等軀體的後面，接著讓氣停留於頭頂下方二公分處，同時強化意識。

⑷其次，使氣通過眉間——鼻——口——喉——回到原處（膻中），施行中氣若消逝的話，表示氣不足，這時候必須將意識集中於幾個重要的地方，以便充實體內的氣。

⑸從背部開始送氣的人，其作法是將氣馬上導引至脖子——頭頂，以後的操作

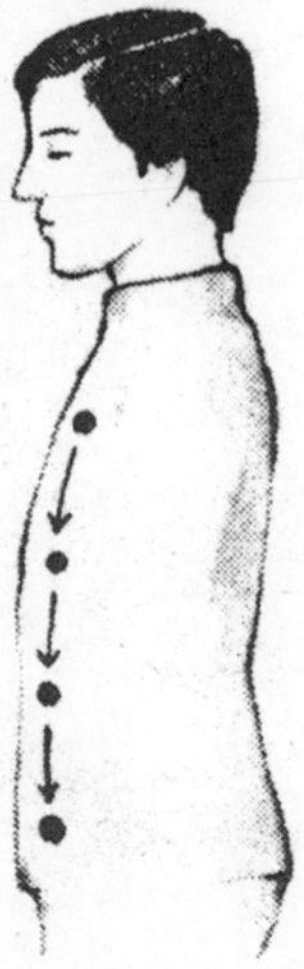

(1)~(2)從胸部開始送氣的人，便將氣往膻中→肚臍→下腹方向運送，同時集中意識於下腹部。

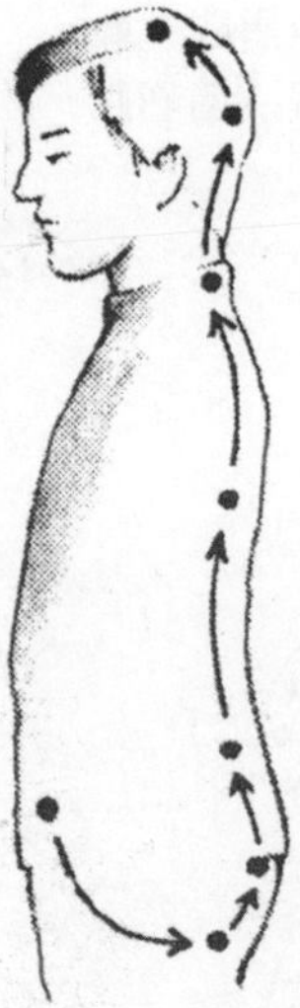

(3)然後，氣由肛門→尾骶骨→腰→背→頸→後腦一頭頂的方向運送，同時集中下意識於頭頂。

動作與前述相同。

(6)從腰部開始送氣的人，其作法是馬上將氣引導至背部，再送至頭頂下方，以後的動作也與前述相同。

這種訓練，是小周天階段中的一種訓練。能夠從手掌感覺氣的訓練，一直練習到這個階段的人，具有仙術的天分。

由於能經由這種作法作小周天的人，其手部和腳部的氣已能作體內循環，因此，不必再作小周天的訓練，只須練習將氣強化，如此，便可直接進入第五章的全身周天。

不過，不能讓氣在腳間或手間循環的人也不必灰心，因爲依作者本人的經驗，在所指導的學生當中，平均起來十人當中頂多只

(4)將氣移至眉間→鼻→口→喉→回到原處(膻中)。

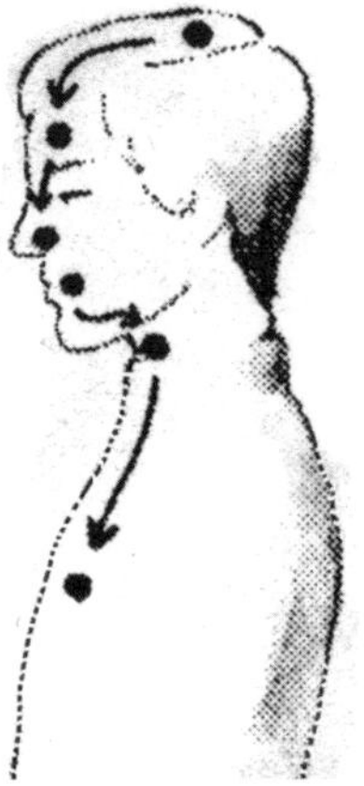

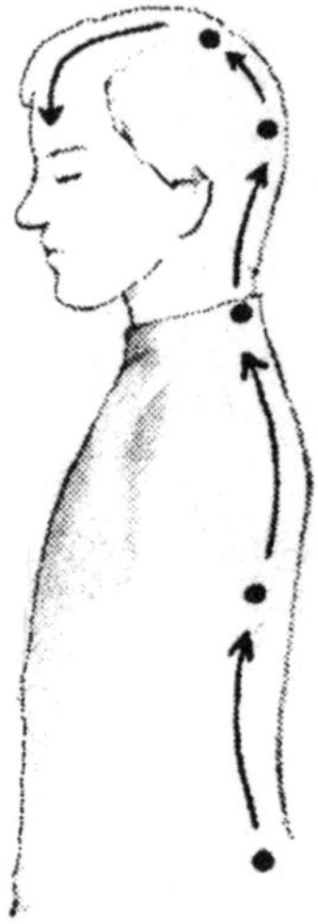

(5)從背部開始的人，將氣依脖子→頭頂方向移動，以後的做法，亦與前述相同。

(6)從腰部開始的人，將氣依脖子→頭頂方向移動，以後的做法亦與前述相同。

有二人而已，無法讓氣在體內循環一周的人，若是練習下面介紹的小周天或全身周天，也能使氣循環全身，希望各位勤加練習。

第四章

用來鍛鍊身體的小周天修行

仙術入門——小周天

【使氣循環體內的小周天】

小周天是所有仙術修行的基礎，就是內氣在體內沿任、督二脈循環一周，即內氣從下丹田出發，經會陰，過肛門，沿脊椎督脈過尾閭、夾脊和玉枕三關，到頭頂泥丸，再由兩耳頰分道而下，會至舌尖。

小周天的作法如下：

先在下腹部丹田（不一定須丹田竅才行）附近感覺氣，然後將氣送至任脈（身體前面的中央線）和督脈（頭部→脊椎骨的上面→尾骶骨下面的背部中央線），再做使氣循環一周的練習。

除了使氣循環全身之外，偶而還將氣停留於幾個重要地方（仙術中所謂竅的地方），同時集中意識於這幾個部位，而強化氣。

當氣能在體內循環暢流無阻，同時強化了之後，修行者便能利用意識自由地控制氣。

首先記載小周天修行的文獻，東漢魏伯陽作的《周易參同契》是探討天道及其表現，結合《周易》之理，對金丹爐火之術的藥物、火候、鼎器等問題做系統說明。不過此書對於小周天的介紹，含糊不清，因此假使只根據這本書，是絕對無法學會小周天的。

以後，房中術書籍也曾談論到小周天的作法，不過，介紹最清楚的，莫過於北派的全眞教。

仙術各派中，只有北派全眞派將其仙術秘傳分開，尤其是伍仲虛、柳華陽二大教祖時代，更將派中秘傳編纂成冊，公諸於世，比如《天仙正理》、《仙佛合宗》、《慧命經》、《金仙證論》等皆屬之。又柳華陽弟子將柳華陽平日口述秘傳，編成《大成捷徑》，其中的介紹也相當清楚。

《大成捷徑》分爲兩部，一部是嵩山篇（少林寺所在之地），另一部是嶗山篇，但以前者的介紹較有體系。

使仙術科學化的趙避塵，
他曾寫一本劃時代的仙術書

由於這些英明教祖的開放政策，仙術的秘傳，漸漸普及於世，到清末時代，出現一位教祖，名爲趙避塵，也著作了一本書，書名爲《性命法訣明指》，此書可堪稱仙術書中劃時代的創作。

《性命法訣明指》內容，大膽詳述當代生理、心理、哲學、解析、醫療等各種學理，介紹一些符合現代科學的仙術修行。雖然，從我們今日的眼光來看，此書毫無特殊可言，可是，對當時來說，確實是一本新穎的著作。

近代，由於採用中醫學（尤其是針灸等經絡醫學）、氣功氣、生理學、心理學等研究小周天的風氣相當盛，使得小周天的修行方法，愈來愈進步，甚且有人自創一套新的小周天修行法。

總之，小周天是一種最大眾化的修行法，如經名師指點，一般人大約只需二月～三月的時間，便能學會小周天，假如素質較高，甚至於只要數天即可學會。

在作者所有指導的學生當中，有些人能夠一天學會小周天，比如現在開針灸舘的S先生便是一例。

據他表示，初學的時候，腹部好像有一團熱氣，因此，使用大拇指作適當調整將氣迅速導引至頭後，然後，在頭部溫養（集中意識）之後，將氣沿著身體的前面降下來，全部練習只花四十分鐘。

坐在S先生身旁，一位練了整整一年，仍然無法學會小周天的K先生見狀，大吃一驚，連他苦心經營的氣都被S先生嚇走了！

不過這位S先生並非仙術的素質特別高，只是精力比一般人旺盛罷了！

像S先生這一類的人，十人當中平均大約有三人。有此素質者，普通只須花一天便可使氣提高至腰部，如果想將氣提升超過腰部，因爲各人精力差異的關係，一般來說，大概需要再花三～七天的時間。

不過，這個結論是以有一位好老師的指導作前提，素質雖好，可是却自我摸索練習，最快也需要半年或一年的時間，才能學會小周天；但是，比起古代修行者來說，還是比他們快，因爲古代的修行者，普通都須花約數十年的工夫，才能練成小周天。

小周天並非仙術修行的終極階段，只是仙術的入門而已，除了小周天之外，還有全身周天↓大周天↓採藥↓養胎↓出神↓還虛等各種奥妙階段，接踵而至。如果學小周天便花十年以上，那麼在你成仙以前，可能早已作古囉！

爲避免這種下場，以下介紹幾種合理的仙術修行法。

修行小周天的要領，是集中意識控制氣，一般人只要努力練習，便能學會，並非特殊素質者的專屬品。

對於感覺遲鈍的人來說，如前述①那樣體會到電流般的感覺，或②那樣感覺觸到磁力線、壓力感或空氣流動般的感覺，對他們來說，幾乎是不可能的事。

爲解決對氣感覺遲鈍者的難題，作者發明一種利用熱感的方法，因爲任何人對於熱都有感覺，只須再集中意識，便能使氣體內移動，同時也能明顯地體會到意識。

仙術主張，由下腹部丹田產生熱感，因爲上半身或頭部血液流動的速度較快，本身已產生一些熱量，如果在上半身或頭部產生熱感，恐怕對身體不太好。

相反地，下半身血液循環的速度較慢，在此產生熱能，不但不會損害健康，還能產生精力，使修行者覺得全身爽快。

仙術書中，經常談到「化精爲陽氣」一語，其實只不過是一文章的修辭罷了！因爲精和氣是相同的東西，只是名稱不同而已！如果替「氣」下一個確實定義時，氣可說是所有生體能源中的一種（氣能使我們覺得有一股熱流在體內流動，並在流動中產生熱感）。

【修行環境與身體狀態】

只要按照後述的呼吸法和姿勢，便能學會仙術，不過除此之外，修行中會遇到許多問題譬如許進忠著《築基參證》一書中，曾記載修行場所的好壞對於修行所發生的各種影響。

茲將此書中與修行有關部分摘錄一些，介紹如下：

場所（環境）

(1)房間的構造：

選擇環境安靜的房子，同時禁止有人隨意出入房間，或在房間內走動。

(2)採光：

亮度太強，身上產生的氣容易消逝，因此，房間內的光線不宜太強，假使太強，最好將窗簾拉上。

(3)空氣：

空氣混濁對體內肺，容易造成傷害，假使長期間吸入污濁空氣，頭部甚至感到疼痛，因此，修行前必須讓房間內充滿新鮮的空氣。

(4)溫度：

不適宜在冷氣或暖氣房間內進行修行，不過，可以利用它們使房間內的空氣調節爲適當的溫度。比如天氣悶熱時，就打開窗戶，讓風吹進來；天氣冷的時候，則緊閉窗戶，或者使用不會讓空氣變爲污濁的暖氣設備，使房間內保持一定的適宜溫度。

曾有一位女性朋友，修行時用毛毯蓋住腰部以下，並且坐在插電的坐墊上面，像她這種作法是不太正確，因爲依賴這些保暖設施使身體維持一定的體溫，雖然能使氣成功地在體內循環，可是練習之後，身體仍然覺得冰涼，這種修行法對健康毫無益處。

(5)濕度：

空氣太乾燥，容易造成對喉部的傷害，而空氣如果太濕，對下半身也有不良的影響，因此，也須保持適當的濕度。

身體狀態與妄想

(1)汗：

修行當中，容易出汗，因此，在冬季修行時，最好用毛毯蓋住上半身。而其他季節作修行之後，往往會流很多汗，修行完畢，最好趕快用乾毛巾擦乾身體，並且換上乾衣服，以免感冒。

(2)**通風**：

修行中身體產生很多熱感，如果旁邊放一架電風扇對著身體吹，修行完畢後，就會像得了感冒一樣，覺得很不舒服。

如果不吹電風扇，而是將四周的窗戶打開，當風微弱的時候，對身體並無任何損害，可是風大的時候，也會有和吹電風扇相似的副作用產生，所以，必須格外注意這一點。

(3)**大、小便**：

修行中，突然站起來上廁所，容易使體內的氣消失，所以，爲避免這種不良狀況產生，修行之前最好先上一下廁所，假使修行之中，實在忍不住，則在作二～三分鐘的調息之後，才慢慢站起來，儘量避免體內的氣受到影響。

(4)**疾病**：

修行中，感覺慢性疾病病痛時，則將修行速度放慢；如果發生急性病痛時，便休息一段時間之後，才繼續修行。

⑸愛睏：

修行中有時候會覺得愛睏，如果你是睡眠不足，那就暫且睡一下子（採臥姿），過一會兒之後，才繼續作未作完的練習。

假使前晚睡眠充足，則改變集中意識的地方。比如，本來將意識集中於下半身的人，試著將意識移到頭部（尤其是眉間）或胸部，如果還是想睡，只好暫時休息一會兒，到附近散一散心後，再回來繼續練習。

⑹妄想：

這個問題不但令一些仙術的初學者覺得困擾，而且作者也是受害者之一。

心中妄想時，不妨對自己說：「現在正在冥想，千萬不能妄想。」以此警戒自己，遠離妄想的干擾。

萬一無法趕走妄想時，不妨眨一眨眼、咬一咬牙，讓意識回復集中的狀態。

實施武息或調息練習時，必須將意識集中於呼吸或特定場所，因此，不容易發生妄想。假使發生妄想，那便表示修行還未到家，還須勤加練習。

意識的集中點和呼吸法、坐法

【集中意識的地方】

練習小周天之前，必須注意以下三點：

①將意識集中於某些特定場所。

②小周天的呼吸法（分為三種）。

③下腹部和肛門的運動。

對於意識集中的地方，因人而異。茲將各種意識集中點，介紹如下：

⑴**年輕、精力旺盛的男性：**下腹部的丹田（不過，有些人將意識集中於肚臍下方三公分處，可是有些人卻集中於肚臍下方三～七公分處，可說因人而異）。

⑵**年老、體弱的男性：**會陰（位於睪丸根部和肛門之間）。

⑶年輕、精力充沛的女性：膻中或下腹部（只限於表面皮膚部分，否則熱感對子宮有不良影響）。

⑷年老、體弱的女性：生殖器（任何部位都可以）。

以上只是大略說明而已，假使集中意識於這些地方，仍然無法產生熱感，不妨將意識移往左述各部位，如果仍然無法產生熱感，請再嘗試其他方法。

命門：位於後面腰部一帶，約當肚臍的正後方↓適合高血壓或頭暈者採用。

尾骶骨地方：即尾閭↓適合大周天修行者或使氣上升的修行者採用。

頭部：頭頂下方的泥丸和眉間↓適合集中意識於丹田而覺得愛睏者採用。

腳底的湧泉：位於腳底下凹處上端↓適合經常頭暈者採用。

腳部大拇趾：有隱白、大敦兩個穴道↓適合神經衰弱者採用。

以男性來說，適合於將意識集中於命門和尾閭，作武息呼吸法，而泥丸以後的意識集中點，適合於作文息和調息呼吸法。同時，作文息或調息呼吸法時，氣還產生熱感以外的感覺（如壓力感），關於這一點，請各位牢記。

以女性來說，除⑷情形之外，宜採不產生熱感的文息或調息呼吸法。

●實施小周天練習時，幾個意識集中的穴位、部位。

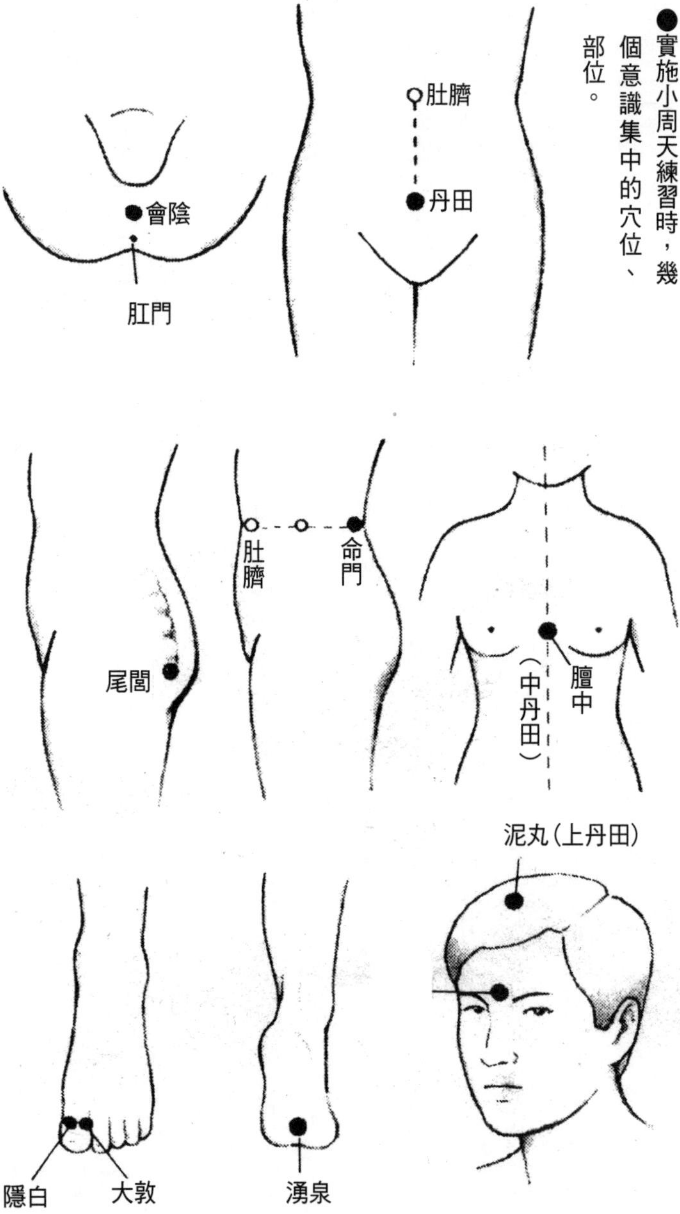

【仙術中的呼吸法】

作仙術訓練時，除了集中意識外，還須運用特殊的呼吸法，使身體儘快產生熱感。而小周天訓練階段中所使用的呼吸法有三種（或者兩種），茲介紹如下：

武息

在意識上一共分爲吸氣、停止呼吸吐氣、吐氣三個階段（簡稱為吸、停、吐三個階段）操作時，同時運動下腹部和肛門的括約肌。

(1)舌頭輕輕地放在上門牙的下面，由鼻子斷斷續續吸入空氣，使下腹部逐漸隆起，然後配合意識的想像，使空氣由下腹部下降到肛門。

(2)吸進足夠（或者大約程度）的空氣後，鼓起下腹部、收縮肛門的括約肌，同時停止呼吸，意識集中於下腹部。

(3)停止呼吸一會兒之後，鼻子斷斷續續吐出氣（用力地），使下腹部凹入，同時放鬆肛門的括約肌。不過，意識仍然集中於下腹部。

(4)吸、停、吐三個階段，約成五、五、五的比例，等熟練一點之後，改爲十、

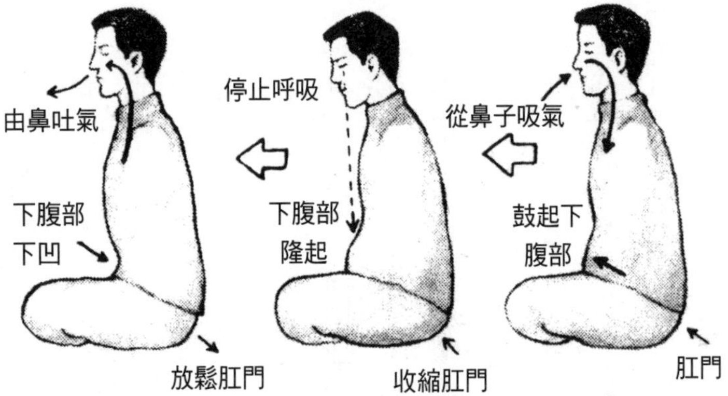

⑴吸氣時將下腹隆起。

⑵停止呼吸，而集中意識。

⑶吐氣時，下腹部凹陷。

十五、十的比例，作者曾經作到十五、三十、十的比例，同時在施行之中，能夠明顯體會到產生熱感的地方。

＊注意

①武息呼吸法未熟練之前，下腹部至上腹部間經常覺得有一股壓力感，肩膀酸疼，而且背部也覺得酸痛，這是因為上半身太緊張的緣故，因此，如果有這些現象產生時便動一動肩部，使肩部肌肉放鬆，並且放鬆腕部。

②身體動過手術或身體受傷的修行者，練習武息呼吸法時，傷部會覺得疼痛，那麼不妨採用文息或調息呼吸法，不過這兩種呼吸法耗時較久，初學者必須有此心理準備。

作上述⑴動作時，不妨將手掌各放在上、

下腹部，檢驗下腹部是否產生很大的力量。

文息

這種呼吸法，不必集中意識，也不用運動下腹部肌肉和肛門的括約肌，只是慢慢地作吸氣和吐氣兩個動作，及下腹部隨吐氣而下凹、隨著吸氣而鼓起而已！腹部肌肉幾乎無緊張感。

乍看之下，讀者也許覺得文息比武息簡單，其實不然。平常的呼吸，都是由胸部控制，我們很少將意識放在呼吸上面，因此這種呼吸法絕對無法產生「氣」（仙術將這種呼吸法稱為「胸式呼吸」，文息稱為腹式呼吸）。

文息呼吸法，吐氣和吸氣兩種動作又長又慢，通常使用冥想階段。

同時，必須全身肌肉呈放鬆狀態時，才能施行，因此，初學者通常無法馬上學會文息呼吸法。

因此，古代先修另外發明一種，使用意識的半文息呼吸法，作者將之稱爲「調息」。

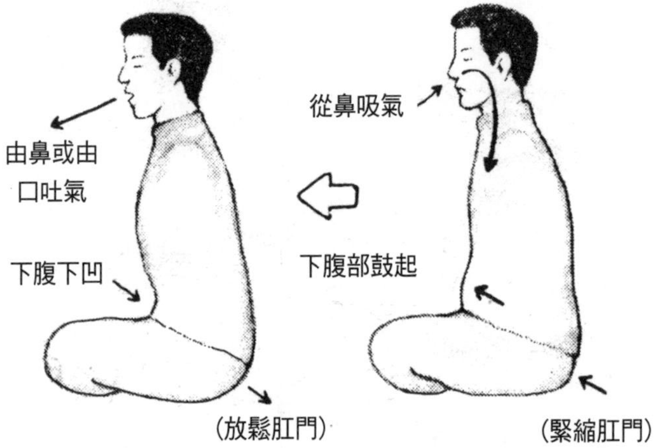

慢慢將氣吐出，同時下腹部下凹　　慢慢吸氣，同時鼓起下腹部

調息（或半文息）

這種呼吸法的作法較其他兩種簡單，作法是緩慢地由鼻吸氣，同時逐漸鼓起腹部，等吸入足夠的氣之後，再由口或鼻部（那一種都可以）慢慢將氣吐出，同時使腹部下凹。

調息多多少少帶來下腹部的緊張感，不過仍然比不上武息所產生的強度，而且吸、吐同樣長度，或者吸短、吐長。

由調息轉爲文息時，全身必須放鬆，但吸吐的長度仍然保持相同。

而由調息轉爲武息時，除了運動下腹部之外，還須收縮肛門，換句話說，吸氣時，收縮肛門，吐氣時，放鬆肛門。初學者通常必須練習調息一週之後，才能使調息順利地轉為武息呼吸。

以上三種呼吸法，是仙術的基本修行，初學者必須反覆練習這三種呼吸法，假若不熟練或半途而廢，以後的修行更難進行。

【仙術中各種坐法】

仙術中坐姿較自由，可以盤腳坐在地上，也可以坐在椅子上修行，毫無限制，身體孱弱或病患，甚至可以躺著作修行。

不過各種姿勢，都有一定的要領，以立姿為例，身體不可前傾或左右斜，必須保持直立挺身的姿勢，以免氣在體內的循環路線受到阻礙。

坐法的要領如下：

上半身儘量挺直↓腰部豎立↓肩部放鬆↓臉部稍向下傾。

當然，臉部也可以向著正前方，不過，因為這個姿勢對初學者而言，很難將意識集中於下腹部，因此，臉部可以稍向下傾。

以上是仙術修行要訣的大概介紹，可是，對於初學者來說，仍然有點困難，因此，以下介紹幾種傳統性的坐法。

不過請各位別將這些坐姿，誤認爲瑜伽的坐姿。

請修行者任意選擇最適合於自己的坐姿進行練習，因爲坐姿不順，練習不到十分鐘，腳部馬上覺得酸疼，如此不但影響意識的集中，還可能因此影響氣的形成，影響可說相當大。

仙術中的坐法，種類繁多，除了眞正坐下來的姿勢之外，還有直立式、臥倒式……等。

一般眞正坐下來的姿勢，稱爲坐法，而直立的姿勢，稱爲站法，臥倒的姿勢，稱爲臥法。各種姿勢又分爲數種坐姿，玆說明如次。

坐法

(1)**自然盤膝：**亦卽盤腳坐法，一隻腳覺得麻木時，馬上換腳，如此，可繼續坐

單盤膝

自然盤膝

數小時。

＊注意：此坐法坐太久的話，脊椎容易麻木、肩膀容易下垂，因此，修行之中，脊椎必須用勁才行。

(2)**單盤膝：**盤腳坐時，將一隻腳放在另一腳的上面，在「禪」來說，此坐法稱爲「半坐法」，較容易學。

＊注意：缺點是放在上面的那一隻腳容易麻木，同一邊的肩膀容易向下斜。因此，最好將坐墊重疊，放在傾斜一方的臀部下面，如此，就能保持上半身的平衡。另外應注意的是，常常換腳，以免腳部局部麻木。

(3)**雙盤膝：**首先作單盤膝的坐姿，接著將下面那隻腳的腳掌放在上面那一隻腳的膝部關節

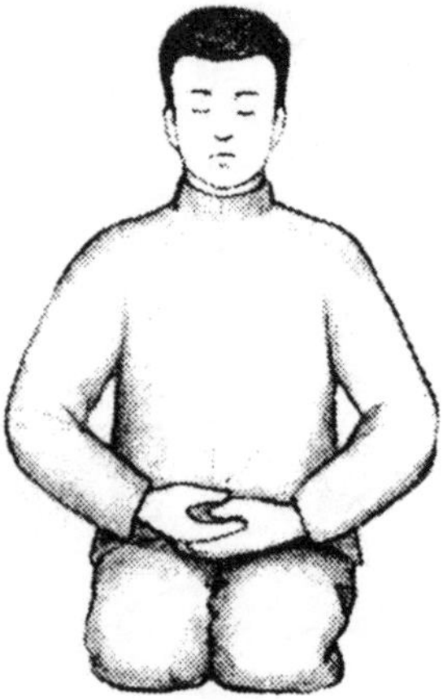

端坐

雙盤膝

處，使兩腳交叉在一起，在「禪」中，稱這種坐法爲「結跏趺坐法」。

這種坐姿的重心相當穩，脊椎也能保持平衡，不會像單盤膝那樣，身體向一邊斜。

＊注意：缺點是這種坐姿坐起來不太舒服，同時兩腳容易麻木，初學者通常無法忍受這種煎熬，又因脊椎保持挺直、兩腳又交叉在一起，因而上半身容易往後傾。所以，最好像單盤膝那樣，將坐墊對折，放在臀部的下後方，使上半身保持挺直狀態。另外應注意的是，必須經常交換兩腳的位置。

(4)端坐：又稱爲正坐，亦即身體採取跪姿坐下來。

＊注意：缺點是，腳部容易麻木，對習慣

於採坐椅式和臥式的年輕人來說，可能作不太來。又因為身體的重心落在一腳，採此坐姿修行全身周天時，腳部中氣的循環，恐怕無法順暢。

故除了習慣採用這方法以外，奉勸各位將端坐當為輔助坐法即可。

(5)坐椅式：亦即坐在椅子上作修行的坐姿。不習慣盤坐在床上或榻榻米上的修行者，不妨採用這種坐椅式，只要在椅子上放一張柔軟的坐墊，這種坐姿就可以繼續坐數小時之久。

尤其，對習慣於坐在椅子上或床上的年輕人來說，坐椅法是最適宜的坐法。

＊注意：缺點是，由於季節的轉變，腳部容易覺得冰冷，下半身也較無法用力，因此，天氣轉涼時，最好拿毛毯蓋在腳上，或者選擇暖和的房間作修行。又坐墊太過柔軟，身體比較提不起勁，所獲得的效果不大，因此，最好選一張有背椅而坐墊是硬的椅子，如果坐墊太硬，加鋪一張坐墊即可。

站法

(1)平立式：背部伸直，雙腳打開與兩肩同寬，兩手放在胸前或肚臍的附近。

＊注意：站太久的話，腰部容易彎曲（這是因為兩腳的負擔太沈重的關係），必須練習一段長時間之後，才能矯治這個缺陷。

(2)丁立式：採取平立式的姿勢，而左腳向外打開九十度，如果覺得不習慣，則採右腳向外打開九十度的姿勢。

與其說這是仙術中的站法之一，倒不如說它是拳法的站法，因爲據說這種丁立式站法，是拳法家在對打中爲了保護自己身體內的要害，而發明出來的。

＊注意：與平立式相似。

站法與其說它是爲了練習仙術的內功法，倒不如說是爲了練習拳法或氣功，因爲站法雖然對於練習方面很有幫助，但由於身體一直站著，腳部的負荷太大，因而初學者只須將之列爲輔助修行即可。

但對於武術修行者來說，站法訓練能使武術的功夫紮實，所以頗受武術者的歡迎。

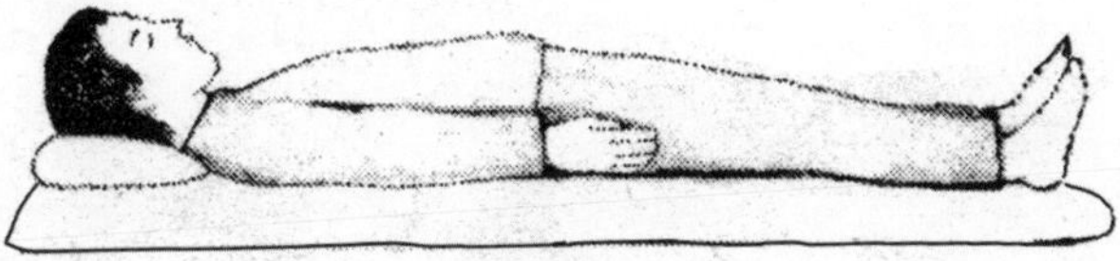

仰臥式

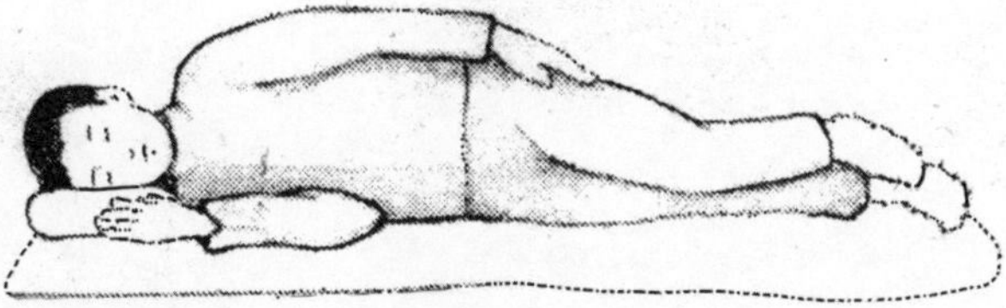

側臥式

臥法

(1)仰臥式：作法是將枕頭墊高，身體朝上仰臥，和日常生活中的睡姿相似，任何人都會，可說是一種心情較爲輕鬆的姿勢。雙手應擺在腰部或腹部上面。

＊注意：缺點是，下肢無力，又全身太輕鬆，修行之中容易睡著。

仰臥式適合病患或身體孱弱者，或不能採用坐法和站法者採用。

年輕精力旺盛的年輕人，若想採用這種姿勢，最好在睡前或早上初醒時，將它當作輔助修行來修行。

(2)側臥式：身體側臥，下面的手臂爲了避免被身體壓住，因此放在身體前面，而上方的那隻手，則平放在腰部。兩腳的姿勢，如圖所示，儘量伸直，不過上方那隻腳可以略爲彎曲。

＊注意：約與仰臥式的注意事項相同。側臥式適合身體半側受傷的修行者使用，普通人若想採用，最好午睡後，將它當作輔助修行的練習即可，若常使用，修行中容易睡著。

初學小周天的要領

【培養精力的方法】

想學會小周天，必須精力充沛，如果精力不足（亦即氣不足），便無法將氣由下腹提升到頭頂。

培養精力的方法有五種，茲介紹如左：

⑴止漏：

亦即避免精力洩出體外的意思。精力外洩的情形，譬如精液外洩、用腦過度、睡眠不足……等。

決心學習仙術（尤其想學會小周天）的人，必須要求自己早睡、睡眠充足，才不至隨意洩漏精力。

至於必須花多少時間才能學會小周天，則視各人能力而異，慢者可能要三～六個月，快者也要一～二週的時間。

(2)精力食物：

比如服用強精劑或補精劑等，此乃地丹派的主張，由於篇幅的關係，無法一一舉出，筆者只能大略舉出幾種，比如蒜頭、人蔘、薤菜、枸杞、生薑……等，又必須長期服用才有功效。

(3)房中術：

攝取異性體內精力的修行法之一，不過，此種修行法不在本書介紹範圍之內，請各位自行參考有關書籍。

房中術適合年老、體弱的修行者，年輕人不必學它，況且房中術的內容複雜，短時間內不容易學好，所以最好還是不要學，搞不好，自己體內的氣反而被異性攝走。

(4)手掌吸氣法：

利用手掌攝取樹之氣的方法。作法要領在前文中介紹過（請參照一二九頁），此作法的缺點是手掌對氣感覺遲鈍的人，便無法進行這項訓練。

(5)刺激經絡和穴道：

這種方法較大衆化，功效也很大，不過，針灸無法自己操作，而指壓必須進行一段時間後，才能發生功效，同時採用這兩種方法時，必須記住各個穴道的位置，故比較麻煩。

由於篇幅的關係，只介紹針灸的注意要點。

行針灸時，必須將意識集中於某特定點，再針對這幾個部位進行直接針灸，並且使用溫灸來溫這個地方。

不過，頭部（泥丸）或胸部（膻中），如果使用溫灸時，可能太熱，對身體反而有害，因此，針灸位置最好是下半身的丹田、命門、會陰、湧泉……等，而每次針灸大約使用七十五個灸草。

假如使用溫灸，約須作十五～二十分鐘（差不多作到還未燙傷的程度）。身體衰弱的人，下半身每個穴道必須同時作（如上述各穴道），而一般人只須選擇一兩個穴道進行溫灸即可。

尤須注意的是，進行針灸時，肚臍上塞一些鹽和薑末，上面放一小撮溫灸（堆成約一公分高的三角錐），然後點上火。

【開始時的姿勢】

若想學會小周天，必須採用自己最習慣的坐法，勤練培養精力的訓練。以筆者來說，較偏好單盤膝坐法，不過有時也採用自然盤膝，讓自己的心情稍微放鬆一下，可是，冬天採自然盤膝坐姿時，腳尖容易冰冷，所以並不經常使用此法。

決定好坐姿後，馬上坐好，左右手握在一起。

握手的要領是，右手放在左手上面，但不可緊貼，左手大拇指插入右手大拇指和食指之間。

握好之後，兩手放在肚臍上，初學時，上腹部容易用力，因此，不妨偶而將雙掌放在上腹和下腹部，隨時檢查自己是否在用力。

其次，背部伸直、腰部用勁、肩膀和手臂儘量放鬆、頭部略朝下，並將意識集中於自己希望集中的地方。一般來說，男性大部分將意識集中於丹田，而女性大部

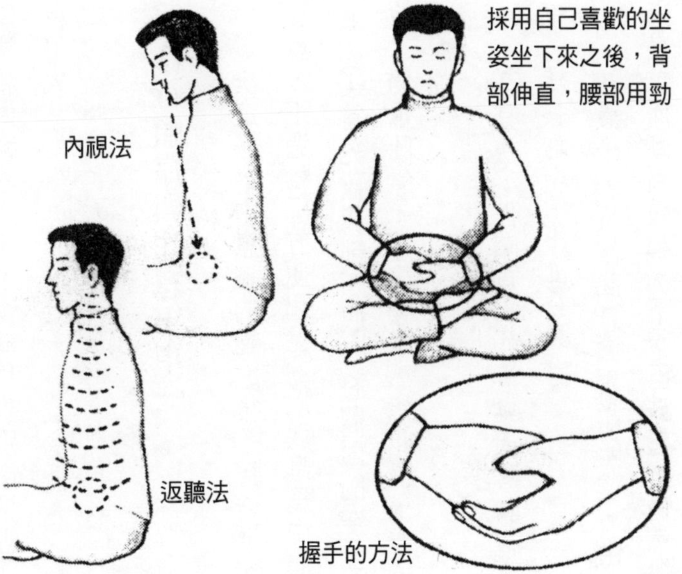
採用自己喜歡的坐
姿坐下來之後，背
部伸直，腰部用勁
內視法
返聽法
握手的方法

集中於胸間（膻中），不過，也有些女性將意識集中於丹田。

集中意識的方法，分爲兩種：

⑴內視法：

集中意識於特定地方後，以丹田爲例，閉眼凝視丹田（好像睜眼凝視丹田一般），並將意識集中於丹田，而眼看下方。

⑵返聽法：

耳朵仔細聽丹田發出的聲音，胃腸好的人，可能無法聽到任何聲音。不過，仍然裝成好像聽得見聲音一般，仔細聽聽丹田是否發出來任何細微聲音。

首先，將意識集中於某處，作完返

聽法和內視法之後，再轉移到別處。等這兩種方法都熟練之後再同時進行，效果將會很大。

【修行順序與注意事項】

決定好集中意識的點之後，接著進行呼吸法的練習。有些人採武息，有些人採文息，不過爲了方便起見，以武息爲中心來作說明。

①首先，腹部下收，將體內的空氣一次吐出，然後輕輕吸氣，接著腹部又下收，儘量吐氣，然後吸氣，如此至少作三～五次，便能將肺中污濁的空氣，完全排出體外。

②其次，作調息（作法與武息相似，肛門可以同時收縮）二～五分鐘（熟練之後，延長為十～十五分鐘）。

③最後，再作武息，如前所述，由鼻慢慢吸氣，同時下腹部配合吸氣時間的延長，而漸漸鼓起。下腹已鼓起，仍然繼續吸氣，或者吸氣完畢，而下腹部仍然鼓

起，都是不正確的。

至於肛門的收縮運動，如果吸氣短，較難配合。對此感到困擾的朋友，不妨先在吸氣將結束的時候，收縮（緊縮）肛門，直到氣完全吐出來之後，才放鬆肛門。

④如果繼續練習一段時間，身體支撐不住，或者下腹、肛門無法緊縮，呼吸也漸漸混亂，不妨在進行武息十～十五分鐘之後，改作三～五分鐘的調息，然後再回復爲武息。熟練後，武息進行三十分鐘再改爲調息。

⑤一天最少練習一小時，如果只練習三十分鐘左右，還無法產生熱感。

傳說丘長春的弟子，有一次問他說：「一天應該打坐幾小時呢？」

他回答說：「至少要三小時，否則無法練成仙術。」

古人有的是時間，所以丘長春才會主張坐三小時，現在是一個忙碌的工業社會，根本無法騰出三小時的空閒時間。

儘管如此每天至少也須練習一小時半，筆者指導學生這麼多年來，一天練習不到一小時而能學會小周天的人，從未出現過。

如果實在騰不出時間，也須每天作三十分鐘，然後假日時連續作三～四個小時的修行才行。

⑥欲結束全部修行時，千萬記得別在停止武息時的一霎那，馬上站起來，還須作三～五分鐘的調息，接著活動一下肩膀，用手揉揉手和腳之後，才慢慢站起來。

⑦只採取文息修行的人（由於是文息，肛門不必收縮），先作約一小時調息。調息的時間愈久，愈能感覺到氣。

氣在體內循環一周

【成仙的起步】

每天繼續練習，下腹部會感到暖和，再繼續作下去會有熱的感覺。這時候應注意精力愈旺盛，精神會愈充沛。有些人可能因為精神太過旺盛，四處活動尋找發洩。如此下腹苦心聚集的精力便大為減少，造成精力不足的遺憾。為避免這種情形發生，必須強迫自己忍耐，最多只須二～三個星期，便可安然渡過這個階段。

一面忍耐，一面練習後，若對氣的感覺逐漸發生變化時，便可進行下一個修行階段。

產生陽氣

現在，開始進入仙術的重要階段。當暖和的氣變為熱氣之後，隨之產生壓力

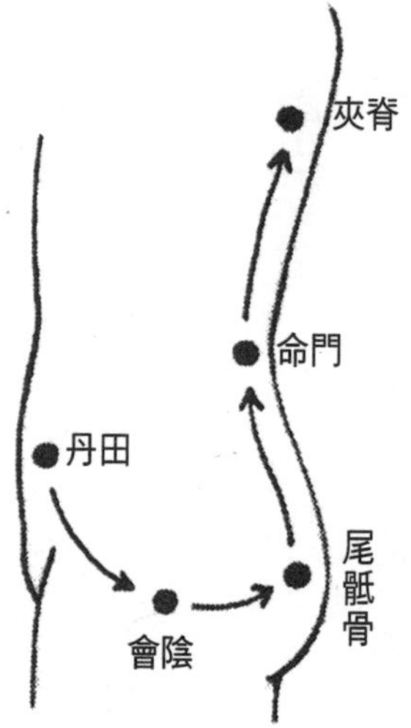

感，下腹開始振動，不過，由於各人感覺不同，有人覺得好像有輕輕拉動鋸子般的振動感，有人卻覺得好像熱水在腹中沸騰一般。

當熱的感覺（仙術將之稱為陽氣，以後提到熱時，便稱為陽氣）愈來愈強，氣開始充滿下腹，或在腹中到處流動。

如果氣從下腹流到生殖器，必須趕緊收縮肛門。這時陽氣成線狀流向會陰，當陽氣流到會陰時，將意識集中於會陰，便能產生一股力量，使陽氣穿過會陰，流往尾骶骨。

當陽氣流到尾骶骨時，意識也移至此處，身體馬上發生振動感。接著陽氣繼續向上流，當陽氣通過腰部的命門時（或命門上方的夾脊），變成一股熱流往上流，這時陽氣的力量開始減弱，必須配合集中的意識作武息，以補充精力

從尾骶骨將陽氣提升到頭頂時，必須使用吸長、吐短的武息，如果平常使用十、十五十比例的武息，現在必須改爲十五、十五、十的比例。

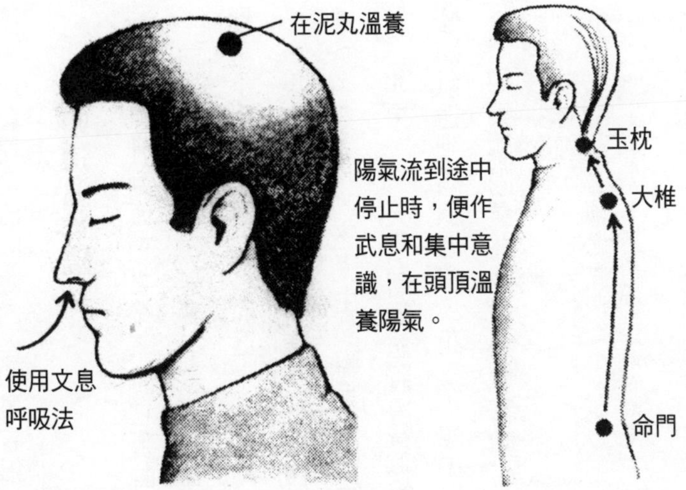
在泥丸溫養
陽氣流到途中停止時，便作武息和集中意識，在頭頂溫養陽氣。
使用文息呼吸法
玉枕
大椎
命門

當意識集中於命門，並且作吸長、吐短的武息時，陽氣在這個地方開始產生振動，之後以熱流的方式流到脖子（玉枕），不過，有些人的陽氣碰到大椎各穴道時，便停下來了。

由於頭頂與丹田相距很遠，必須下很大的工夫，才能使陽氣升到頭頂，如果精力不足，便無法成功，必須勤練武息和集中意識才行。

當陽氣升到頭頂時，有些人的陽氣突然消失；有些人却覺得後腦皮膚下面，好像有一隻毛毛蟲，慢慢地由脖子往上爬，同時頭頂下方有一股壓力。

又好像頭頂開花一般，陽氣一會兒往外

衝，一會兒又流向體內。如果有這種感覺，便表示陽氣已經升到頭部了。

在頭頂溫養陽氣

陽氣升到頭頂之後，將它暫時停留於頭部的練習，稱爲溫養。有人認爲溫養是一種特殊的練習，其實不然，溫養與集中意識的作法事實上相同，只不過精神較輕鬆，不用武息用文息而已！

集中意識的地方，便是首先體會到氣的地方，當陽氣繼續流到頭頂下方二公分處（泥丸）時，感覺由熱轉爲像薄荷那般的涼氣。

如果，一天之內無法將陽氣送到泥丸的人，可以暫時中止，第二天再從下腹部將陽氣送到頭頂溫養，花三～四天時間，應該能將陽氣變爲令人舒服的涼氣。

如果讓陽氣在腦中到處移動，會使頭腦冷靜、舒坦，且陽氣所到之處，都會有一種恍惚感。

氣下降時，使用吸短吐長的呼吸法

在頭頂作過溫養，並且改變陽氣的感覺之後，開始將氣往下降，作法如下：

①首先，集中意識使陽氣移到眉間。這時陽氣好像一隻正在爬動的小蟲，正慢慢地由頭頂爬下來。

②然後，陽氣由眉間降到鼻子，再由鼻子降到唇上的一條淺溝（人中）。

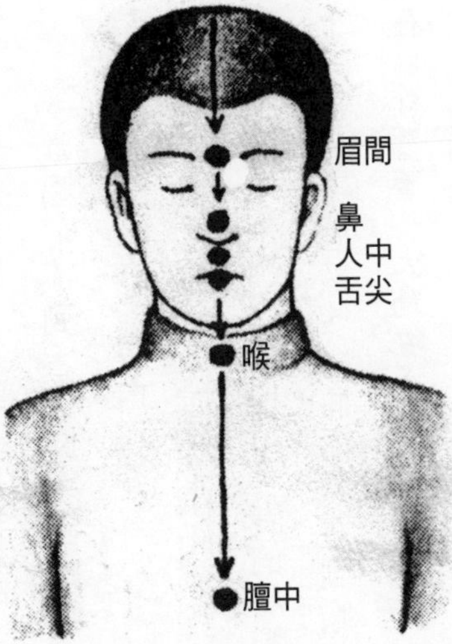

採吸短、吐長的呼吸法

③陽氣下降時，不採陽氣上升時的吸長吐短武息呼吸法，而採吸短吐長的武息呼吸法，比例是十、十五、十五左右。

不易將陽氣下降的人，便採五、十五、二十～三十左右的比例，也可以省略停息。

④人中感覺癢之後，馬上將陽氣移

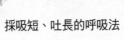

到舌尖，這時應注意的是，舌尖須抵住上門牙的牙齦部分，避免陽氣外洩。

⑤當陽氣流到舌尖時，舌頭有觸電的麻木感，同時唾液逐漸湧出，當唾液積到某程度時，便吞入腹內。

仙術將這種唾液稱爲津液，認爲是返老還童的仙藥·，若站在生理學的觀點來看，唾液能排出一種保持青春的腮腺激素荷爾蒙。

⑥吞下唾液後，將陽氣送到喉部，再送到胸間（膻中）時，改爲文息，使陽氣在此作溫養（大約五分鐘）。

⑦最後，陽氣回到下腹的丹田（氣的起點）。這時涼快感或壓力感，又恢復爲原來的熱感。

這種使氣在體內循環一周的練習，稱爲「小周天」或「旋轉河車」。其中，將陽氣由尾骶骨送到頭頂的行程（督脈），稱爲「進陽火」，而從頭頂將陽氣降到丹田的行程（任脈）稱爲「退陰符」。

進陽火時，對氣的感覺相當強烈，如果運行順利，氣上升的路線不會中斷，假使中斷了，便表示陽氣已經外洩。

相反地，退陰符的路線並無明顯的連貫性，有些地方的流路較不明顯。不瞭解這一點的初學者，大概都會誤以爲陽氣消失，而停止修行。因此，當這種情況發生時，必須特別注意。

初學時，退陰符的路線較不連貫，不過，勤練之後，它也會有明顯的連貫性。

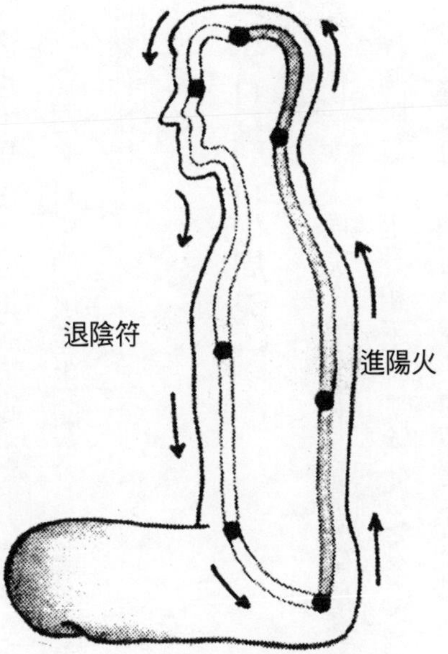

小周天中陽氣的循環路線

不過，這裡所介紹的退陰符和進陽火的狀態，讀者別誤會一定要修練到這種程度，因爲唯有修行功夫深厚或精力強旺的人，才能使氣循環無阻。

一般人對於陽氣只有微熱的感覺，而且氣勢不強，更不會產生振動。

是否有這種感覺，就足夠了

呢？也不見得。但生活忙碌、精力時常外洩的是無法做到更深的層次。

總之，丹田中所產生的氣，若有一點點氣勢，且能流到會陰和尾骶骨，便可以開始作小周天了。

【每日練習小周天】

作一次小周天，能使氣在體內循環一周，因此必須每天練習，始能依照意識完全控制陽氣的上升和下降。除此之外，也能強化陽氣。

茲將每天練習小周天的標準介紹如下：

①首先，選擇自己喜好的坐姿坐好，要領見前述。

②然後，吐二～三次氣，將肺中污穢的空氣吐出。

③作三～五分鐘調息之後，再進行吸吐同長的武息，使體內產生陽氣。

④產生陽氣之後，改採吸長吐短的武息，並將陽氣移到會陰、尾骶骨，並從尾骶骨經由脊椎骨一直送到命門（或夾脊）。

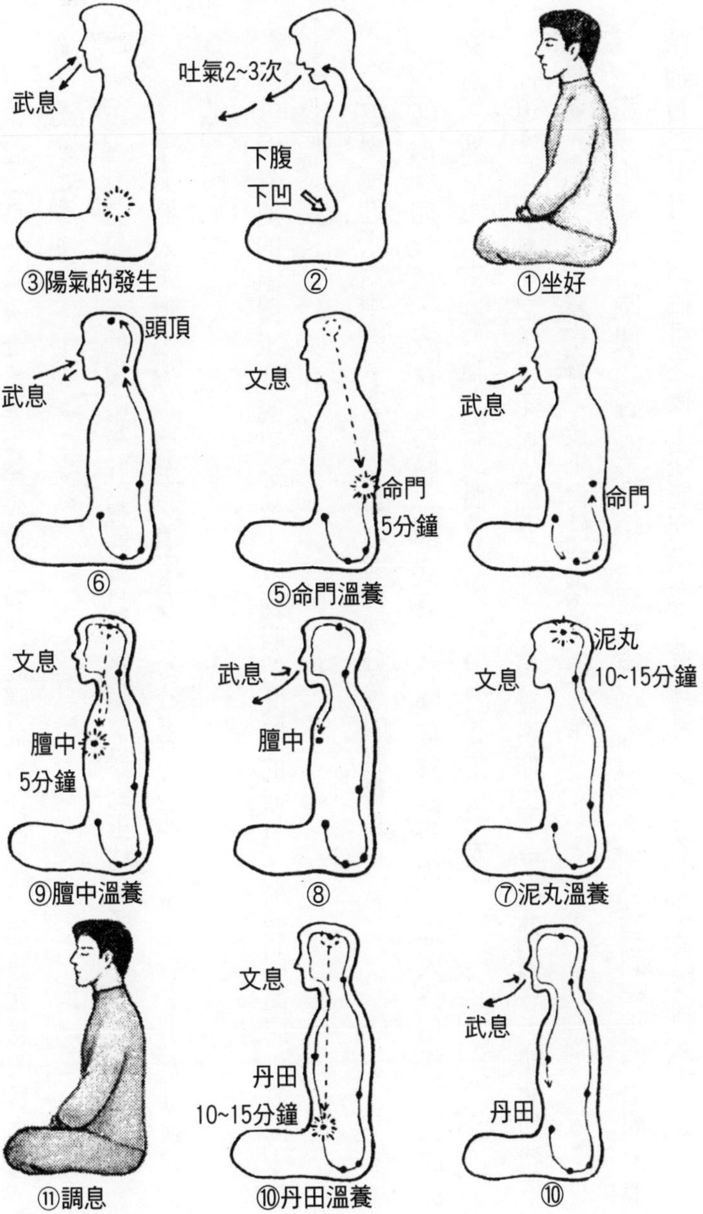
①坐好
吐氣2~3次
下腹
下凹
②
武息
③陽氣的發生
武息
命門
武息
頭頂
⑥
文息
命門
5分鐘
⑤命門溫養
文息
泥丸
10~15分鐘
⑦泥丸溫養
武息
膻中
⑧
文息
膻中
5分鐘
⑨膻中溫養
武息
丹田
⑩
文息
丹田
10~15分鐘
⑩丹田溫養
⑪調息

⑤當命門（或夾脊）產生熱感後，暫時將陽氣留在此處，而將武息改爲文息，作五分鐘溫養。

⑥溫養完畢後，回復吸長吐短的武息，將陽氣送到玉枕和頭頂。

⑦陽氣進入頭頂之後，移至頭頂下方二公分處（泥丸），並作十～十五分鐘的文息，溫養陽氣。

⑧泥丸處的溫養工作結束之後，改採吸短吐長的武息，並將陽氣降到眉間↓鼻↓舌↓喉↓膻中。

⑨陽氣進入膻中時，改爲文息，進行五分鐘的溫養。

⑩溫養完成後，改採吸短吐長的武息，將陽氣移到丹田。進入丹田後，又改採文息，進行十～十五分鐘左右的溫養，如此小周天便告完成。

⑪小周天結束之後，不可立卽站起，必須接著作二～三分鐘調息，並活動脖子和肩膀，用手掌按摩手腳之後，再站起來。

完成小周天的時間，各人不一，一般來說，大約在十五分鐘到一小時之間。繼續練習二個月或四個月之後，便能明顯地體會到氣，或用意志隨意控制氣。

初學時，係採各種武息使陽氣上升或下降，但熟練之後，便全部改用文息。又進行③欲產生陽氣時，只能採用調息，並配合集中意識後才能成功。

爲何筆者主張以文息代替武息呢？因爲武息的方法相當嚴格，若長久使用的話，對身體不太好，同時也可能因爲陽氣太多，以致無法吸收。

小周天的生理學和仙術疾病

【由科學觀點瞭解小周天】

到目前爲止，仍然無法以科學解釋，但不否認的是，小周天的修行對健身有益。站在經絡學的觀點來看，身體能源係經由一部分經絡繞行身體的。西醫不贊成這種說法，却不能否認小周天能夠治病，因此，他們爲此感到非常困擾。最後，他們有如下的結論。

亦即不論有無經絡，病人集中意識時，確實產生某種生理現象，不過，這並非主觀性的心理作用，也可以當作客觀性的心理作用，這可由他人的觀察或儀器測定出來。

這種過程，可從神經系統的觀點加以瞭解。譬如，集中意識，並凝視手掌中某一特定點時，會有一種暖和的心理現象產生。

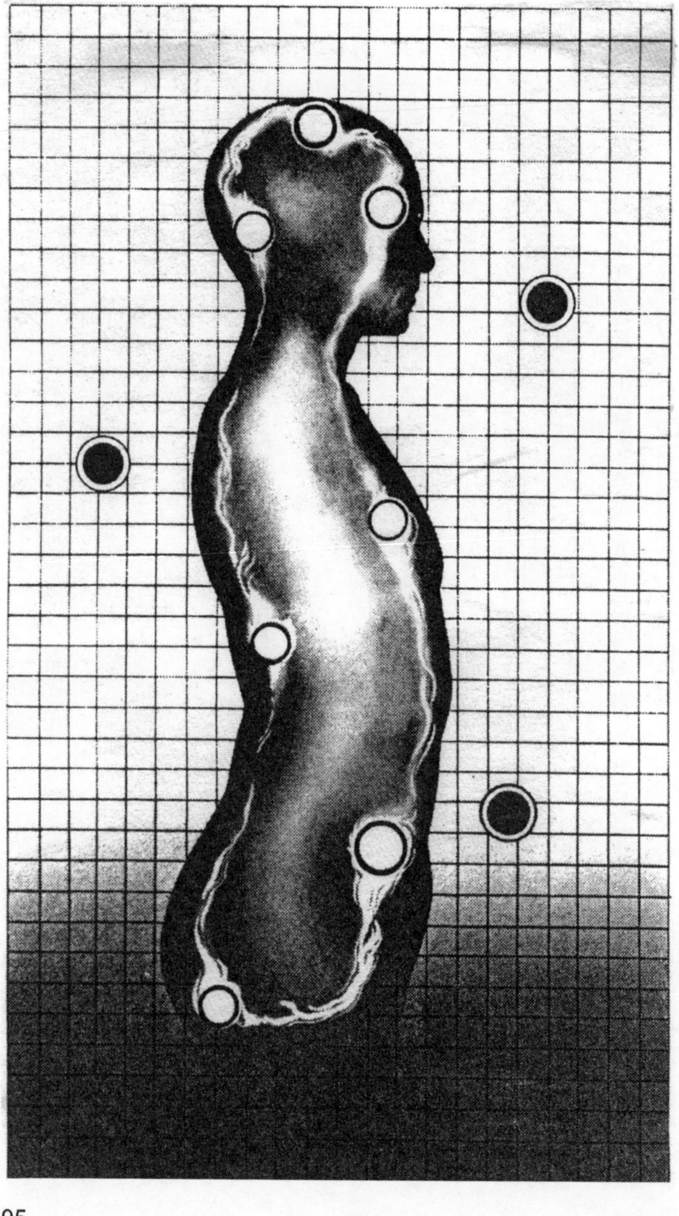

最初階段中，這種熱的感覺，只有本人可體會到，也可稱爲主觀性的感覺，可是，每天練習之後，別人也能感覺到這種熱，甚至可用測量器測出來。

這是因爲意識集中於某處（精神的動態），刺激此處的神經系統，因而影響附近的肌肉組織和血液系統。

小周天的情形和這種理論相同。經由強烈的意識集中及肌肉運動，引起某特定地方的神經、肌肉、血液等系統發生各種作用。

換句話說，意識集中和呼吸時的肌肉運動，能使某特定部位產生陽氣，使陽氣沿著任、督兩脈作循環運行，或者使陽氣由一處移往他處。

換言之，氣非一定經由經絡路線運行，只要集中意識，也能使陽氣借著各神經系統，或肌肉系統的聯絡作運行。

這種方法也能使陽氣順利地繞行身體前後方的中央線，因爲從生理學的觀點來看，身體中央線附近的神經束最多，並且上下連貫。

筆者對這種純生理學的說明，頗感贊同。的確，我們提升陽氣，能刺激附近的肌肉運動，而這些肌肉通常都不作運動，因此這些肌肉在運動之前，必須發生振動，或者輕微的痙攣。

人體的肌肉，原本都可由意識完全控制，可是隨著年齡的增加，大部分的肌肉功能退化，只能控制一部分的肌肉，尤其在進步的社會，這種情形更是嚴重，甚至連平常經常活動的肌肉，也不太發達了，這也是陽氣無法上升的原因之一。

古代的仙術書常提到用竅來體會陽氣。事實上，是陽氣受到肌肉阻擋的緣故。因此，全身肌肉柔軟的幼童，他們的肌肉不會阻礙氣的流動，所以，能夠輕易地將陽氣提升。

以上是西方醫學者的看法，至於正確與否就不得而知了，以我本人來說，我倒承認存在著身體能源的路線。

【氣在體內的各種循環法】

仙術修行中，以北派或南派的丹鼎派流傳最廣。此派認爲修行小周天才能使陽氣在體內循環。

但是，事實上還有許多使陽氣循環的方法。因爲小周天並非仙術的終極目標，只是修行大周天的過程之一。

總之，爲了達到終極目標（大周天）有許多途徑可以走。

日本仙術的修行者，經常將小周天看得非常重要，其實是錯誤的觀念，事實上，小周天只不過是丹鼎派中最普遍的作法之一。

爲了說明這一點，茲將各流派使氣循環的方法介紹如下：

⑴擴大、收縮：

以肚臍爲中心，將腹部鼓起又下凹，交互進行，促使氣在體內循環。不過，這一派並未說明腹部鼓起時，氣會擴大，或者腹部下凹時，氣會擴大。

⑵左右旋轉型：

使下肢或腹部所產生的陽氣，繞行身體一周，作圓型旋轉。

⑶下肢運氣型：

將下肢產生的陽氣送到腳趾頭，然後再由小趾頭依原來路線送回來。

(4)集中一點型：

使陽氣在身體覺得虛弱或患病處產生，經由意識集中強化後，治療患部。此作法完全是爲了治療病患而發明的。

(5)肚臍與命門聯接型：

於肚臍處產生陽氣，然後以肚臍爲中心，使陽氣沿著肚臍與命門間路線，作旋渦狀旋轉。男性首先由內往外旋轉（女性則由外向內旋轉），其次由外向內作反方向旋轉（女性則相反），此作法相當符合科學性。

(6)意識導引型：

此作法在本書剛開始時，已介紹過卽使用手掌吸取對方的氣，使陽氣在體內循環一周。開始吸氣前，先在腳底湧泉產生陽氣，並將陽氣導引到命門或丹田。

(7)全身型：

這是全身感覺充滿氣的方法，卽下章將介紹的全身周天。

(8)衝脈（中脈）：

將體內產生的陽氣送到身體的衝脈，而非送到任、督二脈的作法，相當於仙術中的大周天，這種作法困難，不過功效却相當大。

以上都是使陽氣循環的方法，練習小周天而無法使陽氣順利在體內循環的人，不妨試試別種方法。

【原因不詳的疾病】

學好小周天之後，與修行前的體質大大地不同，譬如，冬天不怕冷、精力充沛、精神抖擻……等，除了偶而患一些小感冒之外，無病痛的困擾。

雖然修行仙術會有上述那麼多的益處，事實上由於修行仙術也容易產生許多毛病。其中之一，便是使潛在體內的病因發病，不過，這有助於治療疾病，說起來並不算壞。

雖然，有一段期間會很痛苦，可是，過了這段期間之後，即使不去看醫生，也會自動痊癒。

又有一個現象使身體覺得異常。此係陽氣不按順序循環，或未按規定以意志控制陽氣造成的。身體異常的症狀，雖然與生病相似，但這並非病，即使看醫生也無法治療。

茲將這些毛病的具體狀態和避免方式，介紹如下。

旋轉空車

這是將假陽氣循環體內，所產生的現象。假陽氣在體內循環時，並無熱感，只是覺得有樣東西在任、督二脈之中走動而已，當然根本無法用意識控制，嚴重的時候，假陽氣整天在體內旋轉，無法停止。

◇原因：這種現象經常發生在性急者身上，又以爲小周天只是將陽氣作循環而已的人，或者誤以爲呼吸一次便能使陽氣循環的人，也會有這種毛病產生。

◇對策：首先，應確實強化陽氣使具有某種程度，千萬別勉強使陽氣循環，也別將小周天看成只是在體內循環一周而已，其實，溫養才是小周天中較重要的一環。

旋轉空車的人，必須趕緊停止小周天，而且不作任何呼吸，將意識繼續集中於腳底的湧泉，或大拇趾；又日常修行時，隨時提醒自己，將意識集中於腳部。

陽氣無法從頭部降下來

當陽氣來到頭頂却無法下降時，頭部覺得膨脹感，並且經常覺得頭痛。

◇**原因**：急於將陽氣提升到頭部，或頸部僵直太久，或視力用太多的人，都容易產生這種現象。

◇**對策**：吸氣改短、拉長吐氣作調息。比例約爲五比三十，不必作停息。

假使眼睛或頸部感覺異常時，不妨在洗澡或洗個三溫暖後，自己用手或請服務生幫忙按摩眼的四周、後腦、頸部……等。

如果情況仍無改觀，便改採針灸，放十五～二十撮灸草在湧泉附近施針灸，並將意識集中於湧泉或大拇趾，這一點與旋轉空車的對策相同。

不經過任督二脈

這是指陽氣流到半途突然消失，或流到腳的末端而言，或者在手、腳等無關緊要的地方也產生陽氣的情形。

◇**原因**：由於意識不集中，無法控制陽氣才產生的。這類型的人，注意力較分散，由於意識分散各處，所以到處都能感覺到氣。

◇**對策：**集中意識是唯一能得到改善的途徑，方法有內視法和返聽法兩種。

假使只在一地產生陽氣，卻同時覺得數處產生陽氣時，千萬別受到這現象的干擾，應將意識繼續集中於下腹↓督脈↓任脈的路線，直到確信在這條路線上產生陽氣爲止。

喝酒、房事、熬夜

在還未能完全控制小周天之前，假使喝酒、作房事、熬夜情形嚴重的話，容易失去對陽氣的控制。

不過，有些人在洗澡時，也會引起這種現象。

◇**對策：**酒、房事、熬夜的影響，何者最大，往往因人而異。因此，在未學好小周天之前，應儘量避免涉及以上三項。

又氣候變化大、濕度高、溫度高的日子，也必須特別注意修行。

小周天引起的失眠

選擇晚上修行的人，作完武息或小周天時，容易失眠。

◇**對策：**作完武息後，和運動後的情形相同，身體產生大量的熱能，情緒高昂，因此無法入睡，故此類型修行者，最好避免在晚上修行。

而作小周天時，由於陽氣升至頭頂，頭腦的活動變得活潑，因此無法入睡。這時只須將陽氣下降，而意識集中於湧泉或腳的大拇趾即可。

除了上述例舉的各項問題之外，還存有許多毛病，綜合來說，這些毛病都是因爲未按部就班修行而造成的，有關這一點應特別小心。又如果身體覺得異樣時，便趕快停止修行，從頭作起。

第五章

修行大周天 進入超人的世界

氣放射於全身——全身周天

【聯接小周天和大周天的修行】

每天持續地練習小周天，陽氣會逐漸強化，原來體內線狀的熱感，變成棍子般粗大的熱感，同時產生強大的壓力感。

這時陽氣漸漸由任督二脈移至其他奇經，最後移到全身所有的經絡之中。

有些仙術書將這個階段，歸爲小周天的一部分，也有一部分將它列在大周天之內。然而，將這個階段列在小周天或大周天，都不適宜，因爲這時陽氣經由全身經絡環繞全身，與小周天的情形大大不同；而這個階段也沒有大周天階段所具有的神秘情形和感覺。

雖然不可否認地，這個階段已接近達大周天的入口，可是欲將此階段稱爲大周天，似乎又欠缺周詳的考慮。

因此，作者將這個階段稱爲「全身周天」，如此不但對陽氣的繞行狀態能夠一目了然，也可以表現出不同於大周天情況。

全身周天又可分成若干階段，作者將它歸納爲三個階段，茲介紹如下。

全身周天的第一階段

這個階段雖然只比小周天高深一點，但是如果連這一點都無法做到，便無法進入更深一層的階段。換句話說，這個階段非常重要。

古代仙術中，經常指出一些複雜性的操作，不過，因爲沒有根據，所以，經常被誤爲學問性經絡學。爲了避免這點弊端，作者於左列介紹幾種使用科學氣功法和合理性的修行法，作法如下：

①**小周天**：首先將陽氣引導至任督二脈，作一次小周天之後，再將陽氣移到丹田和會陰。

②**足經通竅**：將陽氣沿著會陰一直降到腳的內側，然後降至腳底的湧泉作溫養，接著沿著腳的外側，提升到尾骶骨或命門。

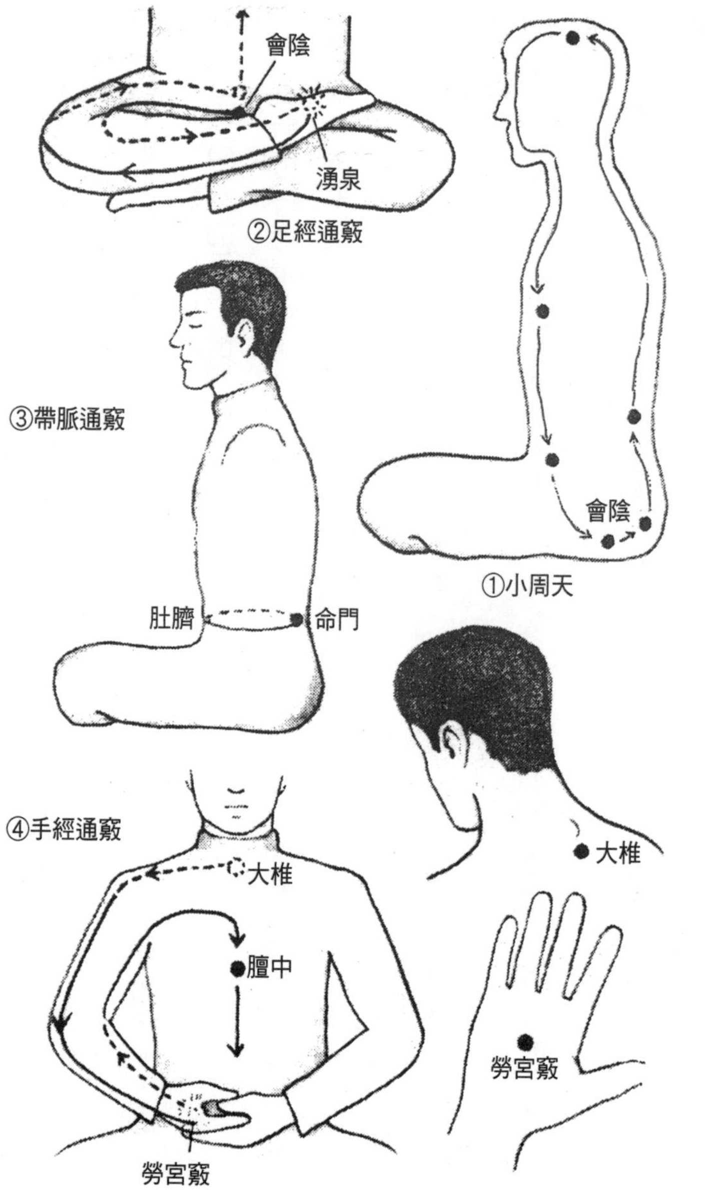
會陰
湧泉
②足經通竅
會陰
①小周天
③帶脈通竅
肚臍
命門
④手經通竅
大椎
膻中
勞宮竅
大椎
勞宮竅

③帶脈通竅：陽氣從命門沿著腰部環繞一周，而後回到命門。

④手經通竅：陽氣從命門移往背部大椎竅（頭向下垂時，頸部特別突出的地方，此竅便是在這個骨結下方），然後通過手臂流到掌心（這裡有勞宮竅）而溫養。之後，陽氣沿著手臂的內側移到胸間的膻中竅，再從膻中竅送到丹田，這樣就完成了全身周天。

作全身周天時，呼吸採文息，並用意識引導陽氣。假使陽氣來到手腳末端竟消失時，表示陽氣太弱，這時再好好作一次小周天，並作五～十分鐘的溫養。

剛開始時，只能感覺到線狀般的陽氣，因此，必須努力集中意識，使陽氣一直保持著在意識的控制之下，沿著氣的路線運行。

繼續作下去時，陽氣也會像修行小周天那般，由線狀熱流，變成棍狀粗的熱流，如此就算完成全身周天的第一個階段。

全身周天的第二個階段

進入全身周天的第二階段之後，陽氣產生粗大的壓力感，陽氣因而無法像以前一樣暢流無阻。

接著將陽氣移到手腳將陽氣送到會陰，再穿過腳便能送到腳底的湧泉；將陽氣從大椎或膻中（任意選一種）送到手臂，到達手掌。

當陽氣變得強烈之後，便充滿於手腳的末端，甚至於擴散到附近的肩膀、胸部和腰部。

最後全身各處都充滿陽氣，整個人覺得非常舒服。

全身周天的第三階段

當全身充滿陽氣之後，試著不用意識，使陽氣移到各處。至於何時能夠不用意識，使陽氣自然流到身體各處，視各人而有所不同。

以筆者本人來說，我先在丹田產生陽氣，接著將陽氣經過背部，送到頭頂泥丸時，陽氣便能自然地流到身體各處。

這時候我一方面讓陽氣自然流到身體各處，一方面在丹田地方產生陽氣，陸陸續續送到泥丸。

氣的放射

隨著體內的陽氣逐漸增加而產生壓力，最後手臂、腳和身體各部位都覺得疲勞，並且有恍惚的感覺。

這現象表示陽氣已到達身體各部位，並且已被強化了。

之後，將體內陽氣向四處空間發射。假使覺得有壓力而很難將體內陽氣放射出去時，可試著再次由丹田產生陽氣，陸陸續續送到全身各處，最後就能使體內陽氣向空間放射。

向空間發射時，若係由手腳末端放射，便將意識集中於這些部位。

逐漸由手腳向外發射之後，最

後可感覺自己的身體籠罩在所放射出去的陽氣之中。

首先，只能放射幾公分遠，當陽氣逐漸強化後，可擴大至數十公分左右，筆者曾做到好似整個房間都充滿陽氣的程度。

關於這一點，等談到如何輔助控制氣的空間訓練時，再作詳細說明。

又所謂的「空間」，並非指由意識製造出來的可想像空間，這是一種充滿著壓力感和磁力線感的空間，又好似空氣密度很濃的氣球空間。

進入這個空間時，卽使天氣炎熱或寒冷，也不會有熱或冷的感覺，又因爲令人生厭的氣和超自然的能源被排斥到此空間的最外側，因此，這個空間可說是冥想的最好環境。

因爲這個空間和自我意識有連繫，因此，能夠體會到氣。據說，古代有人能在數公尺或數十公尺遠的地方，感覺到這個空間，或者製造同一個空間狀態。

假使能做到這階段，全身周天便告完成。這時不妨以用意識控制身體能源的空間訓練，作爲輔助的訓練。

【控制氣的方法】

擴大法

①用意識擴大全身周天而形成空間的作法是，首先進行全身周天，然後使陽氣充滿於全身。

②隨著將全身陽氣向空間發射，使原來的空間擴大爲五公分或十公分，假使中途空間消逝或減小時，卽表示陽氣不足，因此，最好停下來再次進行強化陽氣的步驟。

③使空間擴大爲十～三十公分的中間，如果空間突然減弱或消失時，也表示陽氣強度不夠，應再作全身周天或溫養。

④當空間擴大爲一公尺左右，不再有減弱或消失的情形出現時。接著試著擴大爲二公尺、三公尺……等，最後，便能使陽氣充滿整個房間。

⑤使用意識能使陽氣自由擴大之後，接著學習壓縮法。

壓縮法

①凝縮陽氣的訓練。這種作法恰與擴大法相反，應注意的是，不集中意識，而使陽氣向空間放射。

②將陽氣陸陸續續，集中於身體內某些特定地方（男性是丹田，女性是膻中）。首先，集中意識使其在體內產生一個像氣球那樣的東西（直徑二十公分左右），並將陽氣送到此處。

③當這個東西略帶壓力感時，集中意識使之縮小一點（直徑十公分），同時將陽氣逐漸輸入這個東西之內。

④當十公分大的這個東西具有某種程度的壓力感時，再集中意識使它縮小（直徑五公分），這時球體內的陽氣開始動，或發出光線。

必須繼續集中意識進行壓縮，同時輸入陽氣，如果順利，便會出現採藥狀態，甚至製造出小藥。

色彩法

①在於空間擴大中，使用意識體會陽氣所發出來藍、紅、紫、黃、白……等顏色的練習。不過，事實上並非能用肉眼看到這些顏色，而是指想像著某種顏色時，體會當時陽氣空間會有何種變化而言。

②例如，想像到紅色時，房間內有暖和的感覺；當想到藍色時，有冰涼的感覺。不過，每個人對顏色的感覺，並不完全相同，因此，各人的感受也有不同。

實行這個作法應注意的是，遇到討厭的顏色時，絕不要再體會一次，儘量挑選自己認爲舒服的顏色練習。

感情輸入法

①這是對於全身周天中的陽氣空間，以喜、怒、哀、樂、安心、不安……等情緒來體會的練習，並且使先前產生的感覺狀態和情形更明顯。

②如果感覺不安，便不要再嚐試想像這種感覺，只重複回想有良好反應的感

覺，並且仔細觀察四周空氣的變化情形（當然不是用肉眼，而是用全身來感受）。

溫感轉入法

①這是使全身放射出去的陽氣，具有熱、寒、暖、濕等感覺的訓練，不過，這也是只憑想像來體會，並非眞正在這些環境之下，進行修練。

②所謂熱，卽想像夏天炎熱的天氣或正在燃燒著的火把。

所謂寒，卽想像冰涼的河水，或夏天的傍晚，或秋天的氣候，或山上的氣候等。所謂暖，卽想像春光明媚的日子，或冬季升起爐火的房子。所謂濕，卽想像梅雨季節，或被雨淋濕的衣服等。

【大周天的準備工作】

或許有人認爲全身周天的訓練毫無益處，其實不然，因爲這是進入更高階段如大周天、出神等的先決條件，此階段若未學好，則無法進入更深的修行。

在仙術中，隨著階段的升高，意識訓練的比例愈重，最後進入完全作訓練意識的狀態。

在此階段中，卽使只有一點點的刺激，也會產生像被汽車撞到般的衝擊力，假使修練不當，還可能有喪身的危險。

爲避免這種情況發生，因此仙術家想出一種用意識控制氣的修行方法，只要勤加練習，不久便能完全控制住氣。

並且也能除去精神上或肉體上，所發生原因不詳的疾病或障礙。

爲了讓各位讀者更進一步的瞭解，茲舉例說明如下：

進入大周天的階段時，全身會充滿著陽氣。所謂充滿陽氣的狀態，以生理學的觀點來說是指使熱感變成亢奮的狀態，並且卽使一點點的刺激也能產生熱感的狀態。雖然這種反應在仙術中非常理想，可是日常生活中如果有這種反應，就非常不便。

一般人進入這個階段時，大多採取一種萬念俱空的修行法，使陽氣自然移動，不過，有時候也用意識控制氣。意識用得多，陽氣隨著增多，同時體內的熱感增加。

《大成捷徑》一書中就有描寫這種狀態的詳細記載，書中表示，體內熱感增加時，心情變得焦急、煩躁，而且喉部覺得乾燥。若不趕緊調整，很可能會演變成熱病，由於熱病並非疾病的一種，所以卽使看醫生也無法治療好。

根據《大成捷徑》中的說法：

「當這種狀態發生的時候，便想像寒冷的感覺，並將這個球狀物拉引到黃庭（膻中與丹田之間的上腹部），或丹田部位，只要體內充滿清涼之氣的感覺，自然能將邪陽火控制住，如果情況依然得不到改善，則須重複多作幾次這種想像。」

瑜伽中，練習氣的作法與此方法相似，如《有關氣的瑜伽術》一書的作者奇比克利休那，曾經因同樣情況而幾乎喪生，幸好他使用另一種想像，始挽回這種危險的狀態。

總之，一般所感覺不到的狀態，使用意識便能使之產生，並且若勤加練習，更能自然地產生這些狀態，這些現象便是大周天的入口，而進入這些現象境界的準備工作，便是上述五種補助的訓練。

成為超人的第一步——大周天

【生命能源的開始】

仙術中，使氣循環體內的方法，除了小周天之外，還有大周天。

兩者間的最大差異，依據仙術書的說法，便是前者用識神的力量（意識作用），使後天之氣在體內循環，相反地後者用不識神的力量（無意識，即一般所謂意識停止狀態時的力量），使先天之氣體內移動。

在此所謂先天之氣、後天之氣，是依人類生體能源的功用，而作的分類。

以筆者的看法，所謂後天之氣，是經由身體動態產生出來的精力（能源），比如經由神經系統的運動，而將直覺傳與腦部的電能源；又好比肌肉運動所產生的運動能源；或如胃腸進行消化作用時，所產生的化學能源等等。

而所謂先天之氣，是支撐身體的能源之一，也是哈洛德•巴博士所說的生體場

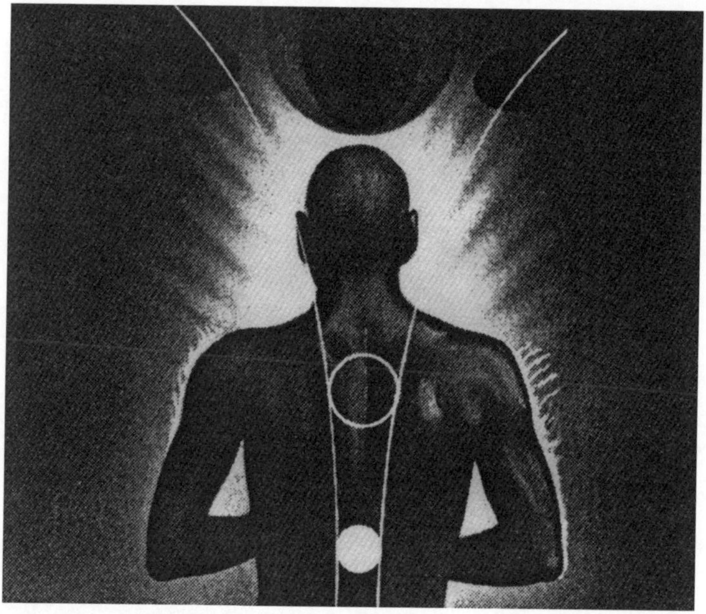

（生命的能源場）。

由於有此差異，所以學好小周天，使後天之氣在體內循環，頂多只能強健身體，或者治療疾病。

而學好大周天時，由於支撐生命的能源增加，陽氣隨著也產生不少功能，因此，能夠顯示出一般人難以想像的感覺和能力。

又因爲生體能源沿著附件分佈各種神經系統的脊椎骨往上升，因此，生體能源能夠瞬間通過背部到達頭頂，同時產生大量的熱感、光線，或者嚴重的振動，或聽到很大的聲音。

總而言之，大周天在仙術中，是

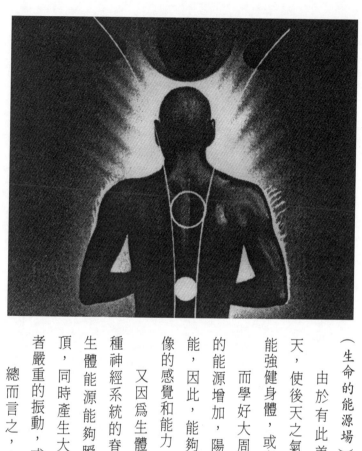

相當重要的一環，假若無法學好這個階段，便無法進入更高的修行階段——出神階段。

學到大周天的階段，可說已進入正式的修行階段，如果繼續修行下去，便可進入超人的世界。

練習到這個階段（大周天）時，可感覺到小周天的修行方法有點曖昧不明，這是因爲各派所主張的大周天修行方法不一致的緣故。

譬如，某本仙術書認爲，所謂大周天，是使陽氣一直流到腳尖的狀態。也有些仙術書將大周天解釋爲，陽氣通過衝脈而穿出頭頂的狀態，或者認爲大周天是一種不用意識，而使陽氣循環體內的狀態。

除了上述各種說法之外，還有許多關於大周天的說法，致使一般讀者摸不清何者才是眞正的大周天。

又諸書中對於大周天修行時的情景與順序，各執一說，更教讀者不知如何是從。派與派之間，各採不同的修行方法，倒是沒話可說，奇怪的是，同一門派內，修行方法雖相同，但寫出來的內容却不相同的例子，亦屢見不鮮。

由於衆說紛紜，後人不知何者才是正確的修行方法，致使修行滯留不前。

筆者也曾經因爲這個原因，而有一段時間停止修行，我也曾請教過幾位仙術修行的先進，可是，他們的回答都不相同。

於是，我搜集一些古代的仙術書，其中凡有關小周天以上階段的修行內容、類型、狀態……等資料，全部整理起來，並比較印度瑜伽術和西藏秘宗的說法，從經絡學、生理學、物理學的觀點分析。

我一面分析各家的學說，一面親自作練習，以驗證自己的結論是否正確，如此經過長時間的奮鬥，終於將大周天的名稱和內容，整理出一套系統性的資料。

由於這次的整理工作，使得我在大周天階段和更高階段的修行，有顯著的進步。

【大周天的實際狀況】

實行大周天之前，必須先了解什麼是大周天修行法，假使不了解，便無法繼續修行。

爲什麼如此重視大周天的名稱呢？這是因爲以前各說對於大周天內容如何，未作界說的緣故。

從我的調查範圍來看，有關大周天的狀態一共有十種說法，大致上可以分爲五種類型，茲介紹如下：

⑴**全身周天**：小周天，乃陽氣在任、督二脈循環的狀態。大周天，除了循環上列二脈之外，還流到腳底湧泉，作全身循環的狀態。不過，有一說認爲，陽氣循環任、督二脈，並流到湧泉部位的狀態，稱爲大周天。

⑵**馬陰藏相**：陽氣強度不變，睪丸像幼童一般不產生精子的狀態之下，使陽氣在體內循環的方法，稱爲大周天。其所走的路線是任、督二脈或全身。

⑶**產生小藥**：練習小周天一段期間，且在特定的重要竅門溫養之後，陽氣會變

成黏狀並發出光線，之後，將之凝縮爲小珠般大小的方法，仙術稱爲小藥。小藥，也是生命能源之精，據說能夠治癒癌症或其他各種病症。

產生小藥時，①會發出光線，②採眞息呼吸（好像停止呼吸時的狀態），③馬陰藏相中所談到的陰莖、睪丸，其中之一或全部，成爲收縮的狀態。當這三種狀態都具備時，便是大周天的階級。

⑷真通與假通：當陽氣經由督脈向上升，而皮膚表面覺得有一股熱流向上升的狀態，稱爲假通，必須用識神進行小周天來矯治。相反地，陽氣沿著脊椎骨往上升的狀態，稱爲眞通，眞通時使用不識神（不用意識）使陽氣自然往上升的狀態，稱爲大周天。

⑸真火練形：作完⑴～⑷時，有些人可能產生胎息的狀態。所謂胎息，是不用口、鼻呼吸，同時胃腸的消化、吸收作用也停止的狀態，就好比胎兒在母體內的狀態一般。

不過，現在無法像胎兒那樣，由母體攝取營養，因此，這時改以全身攝取天地間的氣（宇宙能源），並經不識神之助，將先天之氣經由衝脈送到頭部，經由頭頂往

上衝。這種大周天稱爲眞火練形。

以上是作者整理許多資料，所得到的結論，事實上除了以上五大類之外，還有許多稱爲大周天的作法。

茲按構成條件，比較大周天和小周天的差別之處：

（大周天的條件）

⑴不用意識也能使氣循環。

⑵陽氣沿著身體中央的衝脈往上衝，並經由頭頂衝到體外。

⑶陽氣循環全身。

⑷冥想中看到光線。

⑸呼吸變得虛弱，好像停止呼吸一般。

（小周天的條件）

⑴用意識使氣循環。

⑵陽氣沿著皮膚表面移動。

⑶陽氣只沿著任、督二脈循環。

⑷冥想中只能感覺到氣的移動。

⑸用意識作武息，強化到某種程度時，改爲文息。

【大周天的種類】

雖然前節已大致說明過大周天的條件，可是，這樣還不足使人完全了解大周天，因爲學好大周天的人當中，也有一些未學小周天便進入大周天狀態的。而這一些人是什麼樣的人呢？大致上有左列三種：

①精力特別旺盛。

②未洩精前的少男、少女。

③由於遭遇突發性事故，而擁有超能力的人。

這一類人都能產生「眞通」，同時體內有一股強烈的能源，由腹部往上衝，並能感覺到強烈的光線、聲音、熱感、壓力感，立卽能在一瞬間擁有大周天所需要的五種條件。

相反地，一般人通常皆須經過小周天的階段，再進入全身周天階段，並在慢慢產生前述五種條件之後，才能完成大周天。

這兩種不同型態的過程，可說是大周天的特徵。筆者且將前者稱爲「積極型」，後者稱爲「緩慢型」，茲於左列一面分析大周天的類型，一面說明其中細節。

（積極型）

(1)陽氣迅速地從下腹部通過衝脈，往上穿過頭頂。

(2)陽氣上升時，突然感覺到強烈的光線、聲音、壓力感。

（緩慢型）

(1)小周天的階段，陽氣緩慢地循環體內↓全身周天。

(2)陽氣性質改變，一直到冥想時，才看到光線。

※(3)以下是二種類型的共通處。

(3)不用意識，陽氣也能自然地在體內循環↓不識神的功能。

(4)呼吸變得微弱，好像停止一般↓眞息、胎兒。

(5)光線快速旋轉，變成圓型的珠狀↓大藥、小藥。

(6)生殖器收縮，則絕不洩精↓馬陰藏相。

以上便是大周天的全貌以及修行的順序。在積極型的大周天當中，有些項目可以同時進行，但是，無法同時作(1)～(6)的動作。而緩慢型的大周天，則須花相當久的期間，依序出現⑴～⑹的狀態。

換句話說，所謂大周天並非只指其中一個條件而已，必須全部條件都出現之後，才算眞正完成大周天。

換言之，大周天係以六個條件爲一體的修行階段，有些人不了解這一點，而將各個條件都認爲是大周天，可謂混淆視聽，實堪憂慮。

除了以大周天的條件說明大周天的狀態之外，也能運用先天之氣和後天之氣的觀點，來解釋大周天的定義。

若採後面的觀點，⑴⑵⑶可說是後天之氣的狀態，而⑷⑸⑹有先天之氣的狀態。以積極型來說，有些人能夠在⑴⑵時，便產生先天之氣，而且能夠很快進入⑶以後各個階段。

以上主要都是由伍柳派等全眞教仙術派創造出來的修行法，當然其他派別則不一定採用這些修行法。

實行大周天便能採到大藥和小藥

介紹大周天之後，現在來談一談修行大周天的方法，以下的作法說明，是筆者自己整理出來的，比傳說仙術易懂且較合理，請各位了解這一點。

前面曾介紹過，大周天分爲積極型和緩慢型兩種類型。想學習積極型的人，如果單獨一人學習，必須謹慎，因爲積極型的大周天不但難學，而且危險性高。

【大周天的體驗】

作者學會小周天之後，開始學小藥，但因爲難學，曾經中止修行，之後，爲了打開僵局，便大膽地向大周天挑戰，結果只學一次就學會了。

當時，脊椎骨好像有一股氣迅速地衝上頭頂，身體也隨著向上浮，不過，一會兒之後，又好像從空中跌下來，頭部撞到柏油路的地面一般，覺得頭昏腦脹，又耳朵好像能聽到遠處的聲音，眼睛好像隔著一層霧看事物一般，模模糊糊地。

那時我很後悔，可是爲時已晚。本來以爲睡一覺之後，一切現象都會消失，因此那天晚上很早就寢，但是，第二天醒來，情況仍未改善，感到非常灰心。不過，練習大周天四天之後，這種現象逐漸好轉。

可是，奇怪的是，頭頂有時候好像裂開一般地打開，隨著又縫合起來，而頭頂壓力感隨著頭頂的開、合，一下子向空中衝去，一下子又回到腦內。

在一段日子的仔細研究之後，發現原先之所以會覺得頭昏腦脹，是因爲大量迅速上升的氣，衝到頭頂之後，無路可走而滯留在腦中的緣故，之後由於頭頂能夠開開合合（瑜伽稱為裂縫），因此才慢慢好轉。

接著，我調查它的節奏時，發現它和呼吸的步調一致，亦卽隨著吐氣和吸氣，頭頂隨之開合，當然事實上頭頂並未眞的裂開。

還記得這種現象持續了一年之久，直到我能夠完全控制氣之後，才完全消失。

當時，我用手指壓住頭頂，發現頭頂長出一顆肉瘤，好像佛像中頭頂的肉髻一般。從這時候起，只須使體內產生光線和深呼吸，便可使大周天的修行進步。

以上是我本人練習積極型大周天的體驗。

學好小周天之後再學大周天的人，由於已能控制氣，因此，危險性不高，假使筆者當時未學好小周天便作大周天的話，可能早已喪命了，一想到此，不禁捏把冷汗。

據說，練習印度的瑜伽術，當氣升到頭頂而頭頂無法打開時，由於氣無法下降，使頭頂產生強烈熱感而喪生的，大有人在。

作者所體驗到的，便是像發高燒那樣的迷糊狀態。因此，如果沒有好老師在旁指導，最好不要魯莽練習積極型的大周天。

所以，我只介紹費時較久的緩慢型大周天的作法。

練習緩慢型大周天時，也會像積極型大周天那樣，自然打開衝脈，使陽氣順利地往上升，不過，這時不會產生任何異樣，也能用意識控制陽氣的流動。

如果長期作全身周天，體內經絡能完全被打開，因此，強烈的陽氣絕不會滯留於體內。

總之，不論作何種練習，必須按部就班、腳踏實地，才不會有危險。以作者長久修行的經驗，以及親眼看到的例子來說，常常看到許多人因性急省略許多項目練

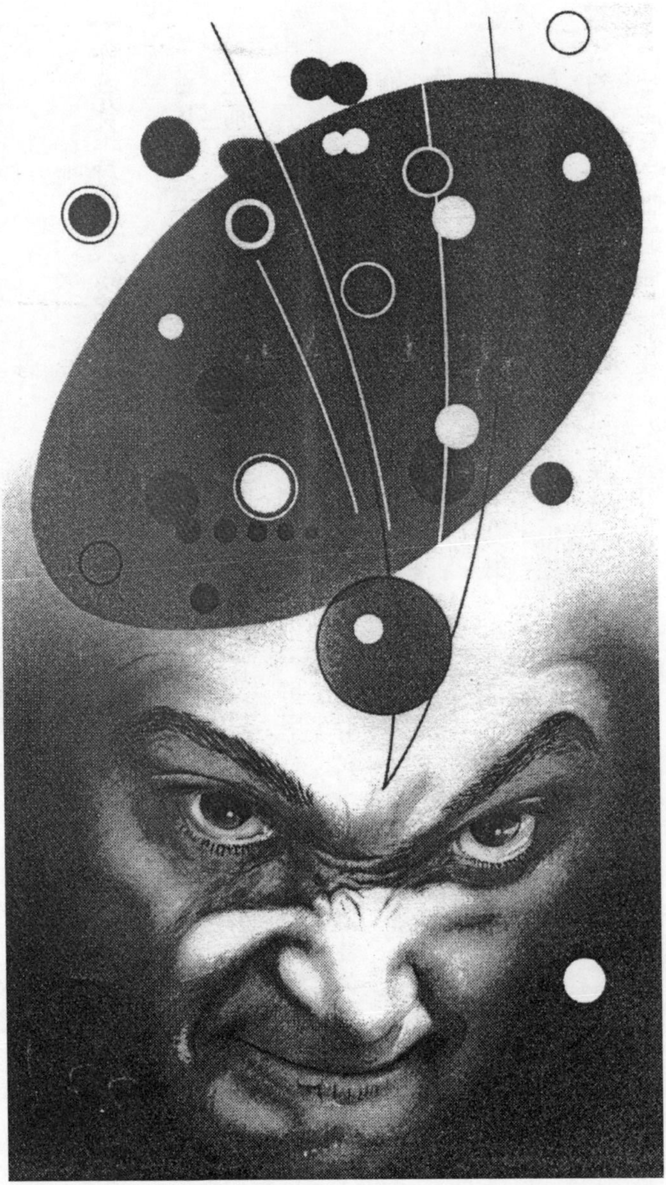

習大周天而受傷，關於這一點，請各位讀者特別留意。

【作完全身周天後的練習】

若想學會緩慢型的大周天，必須先練習全身周天中最後幾個階段。

在前已說過這個階段須用意識來使陽氣提升到頭頂。詳細地說，大周天的條件之中，有一種是用不識神，使陽氣提升到丹田，再用意識使陽氣由丹田升到頭頂。

＊注意：練習方法與以往相同，必須每天重複作全身周天和溫養的練習。

隨著陽氣的增強，本來經過表面皮膚而移動的陽氣，逐漸變爲經過較深的部位。換句話說，首先通過皮膚和肉之間，接著變爲通過接近脊椎骨的地方，最後通過脊椎骨之中，同時陽氣變成像棍子般粗大，瞬間升到頭頂。

雖然感覺陽氣非常強大，却不覺得陽氣通過身體深處的人，必須作下列補助訓練，若作完後陽氣仍然很難變成強盛的人，必須再次作小周天的練習。

使陽氣流動的補助訓練，作法如下：

①欲使陽氣移到頭頂時，將意識放在皮膚下的深處，而不放在皮膚表面處。

②如果陽氣通過比表面皮膚更深的地方，便將意識集中於脊椎骨的周圍，同時使陽氣繼續往上升。

③如果陽氣通過脊椎骨附近，便將意識集中於脊椎骨，同時導引陽氣上升。

＊注意：陽氣是否通過脊椎骨，可以從陽氣上升的速度來看。如果陽氣通過脊椎骨之中，將丹田的陽氣送到尾骶骨時，便能瞬間往頭頂升；如果陽氣上升速度緩慢，那就表示陽氣未通過脊椎骨往上升，這時必須再作一次①②的練習。

如果陽氣能夠瞬間往上升，那也意味著已完成大周天的條件之一（用不識神使陽氣循環），以後將意識集中於丹田。產生陽氣時，陽氣自然能經過脊椎骨到達頭頂，亦即經由體內經絡作循環。

練習到此地步時，每天實行坐法，使陽氣愈來愈強，不過由於陽氣愈來愈強，小周天（通過任、督二脈的循環法）中陽氣的移動愈來愈困難，這時不妨將陽氣改為經過身體中間線（衝脈）往上升。

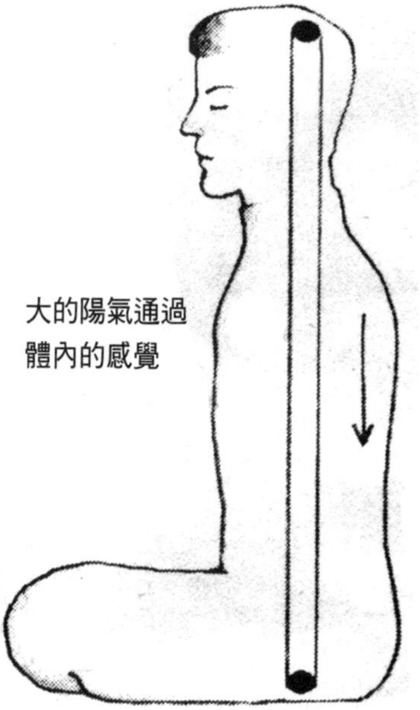

大的陽氣通過體內的感覺

當陽氣經由衝脈向上升時，並無陽氣滯留於頭頂的現象，而是一根像燈芯般的陽氣，由會陰或尾骶骨由下貫穿至頭頂。

這個時候，無法從前面的任脈降下來，只能使陽氣沿著督脈降到丹田（用意識），要領是，用意識使陽氣慢慢地經由脊椎骨下降。

有趣的是，這時陽氣雖然是沿著身體後面的督脈下降，可是身體前面的任脈，也有陽氣下降的感覺。比方說，陽氣降到頸部附近的督脈時，頸部附近的任脈，也有陽氣下降的感覺；若陽氣降到胃部後面的督脈時，胃部前面的任脈，也會有陽氣降到胃部的感覺。

最後，感覺一股和身體密度相同的空氣壓力，沿著身體往下降。

由於陽氣變得粗大，無法在體內循環，因此每次修行時，只須將陽氣由丹田升到頭頂作溫養，而後又沿著身體的中間線逐漸往下降就可以了。

或者當陽氣升到頭頂時，用意識使陽氣從頭頂放射到空中，並利用外在空間，使陽氣降低到自己坐的位置下面（床鋪的下面），並移入體內的會陰或尾骶骨，使氣在體內和空間中作循環。

這是我自己想出來的大周天中氣的循環法，由於陽氣在空間外的空間作循環，因此，將之命名爲「外部周天法」。

這是大周天的補助訓練之一，非常重要，茲介紹其作法如次。

外部周天法

①坐下來感覺丹田處的陽氣。

*注意：進入大周天階段時，由於先前階段已產生陽氣，所以不必重新產生陽氣，不過如果體會不到陽氣，應回到全身周天或小周天的階段。

②將陽氣通過身體的中間線（衝脈），但不須溫養，逐漸地用意識將陽氣升到距頭頂十公分的地方。然後，沿著拋物線的路線，向斜上方發射出去，而降到身體的

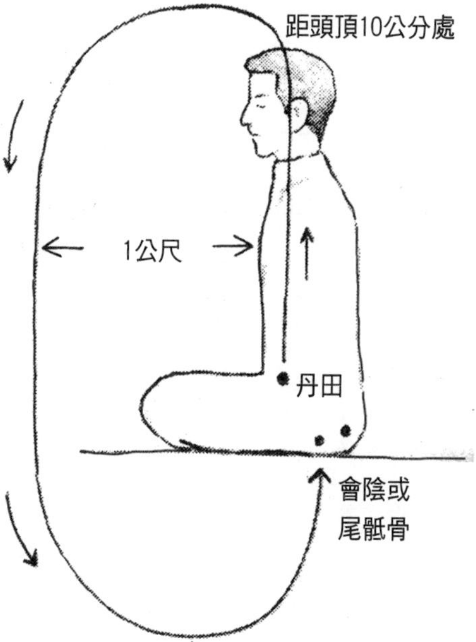

前面（外側約一公尺的地方）。

③保持這種距離，將陽氣移到自己坐的床鋪下面（離床鋪一公尺），接著移到體內的會陰和尾骶骨。

作這種練習時，身體的感覺好像整個向上浮，這是因爲後天之氣的影響。

在瑜伽術（亦即積極型的大周天）當中，經常出現這種狀態，可是由於氣的運行緩慢，絕不會感覺身體往上浮，只是感覺到好像有某種物體將身體懸在半空中似地。

作外部周天時，不必作溫養，因爲陽氣在自己體內和空間作循環時陽氣自然變爲強盛，不須再作溫養來加強陽氣。

循環的路線是丹田↓頭頂↓外部空間↓地下↓會陰或尾骶骨。

如果有人在陽氣到達頭頂而覺得異樣時，可依相反方向作循環，亦卽由丹田↓尾骶骨或會陰↓地下↓外部空間↓頭頂，兩個循環方向所獲得的功效相同。

【在樹和人體內作循環】

能單獨作外部周天之後，便請另一位精通全身周天，或對氣反應敏感的人站在前面，繼續作外部周天的練習。

方法與一人單獨練習時的方法相同，只不過現在以通過別人的身體代替通過空間，兩人的流動方向恰好相反，使體內的陽氣互相交換。

兩人一起作外部周天的功效，比單獨作外部周天的功效大數十倍，尤其對氣特別敏感的人，更能產生像電阻般的放電現象（由此亦可證明人的生體場，是由某種電磁界構成的）。

不過，應注意的是，如果其中一方陽氣較弱，除了無法收到預期的效果之外，陽氣強的一方反而被弱的一方吸走體內的氣，因此，練習前必須注意這一點。

在此介紹一種找不到適當的另一人時，利用一些第三章曾介紹的物體（如植物、動物）作外部周天的作法。

①站在距離樹木二公尺處，手掌對著樹木。

②用手掌體會從樹木發出來的氣，並進行攝氣。

③攝取到的氣，經胸部↓腹部↓丹田↓腳，而後從腳底流到地面，再到樹根。

④用意識想像回到樹內的氣，繼續往上升，當它流到與手掌同高時，再用手掌攝氣。

⑤重複地使氣在體內和樹木間作循環。熟練之後，改從頭頂攝取，並且同樣地讓氣從頭頂往下降，一直到使氣再回到樹木內。

修行成功時，改變一下循環的路線，使之恰與剛才的方向相反，這一次由自己的體內放出氣，使它通過樹木，再回到體內。

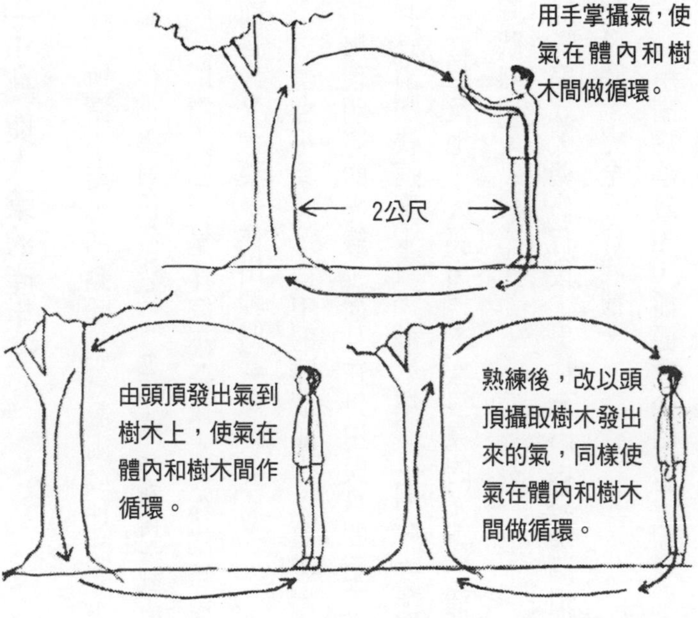
用手掌攝氣，使氣在體內和樹木間做循環。
2公尺
由頭頂發出氣到樹木上，使氣在體內和樹木間作循環。
熟練後，改以頭頂攝取樹木發出來的氣，同樣使氣在體內和樹木間做循環。

繼續練習之後，便能自然地攝氣或放氣，這時衝脈或頭頂會一點一點的打開，不知不覺達到積極型大周天的階段。

又如果攝氣入體內時，使用到意識的話，便不能稱爲大周天，應稱爲小周天或全身周天的階段，因爲大周天階段的特徵是不使用意識，而能使氣作循環。

練習緩慢型的大周天時，氣逐漸變爲濃密，最後變成黏狀。

冥想時，在空間看到光線的話，表示已進入傳統仙術中所稱的小藥和大藥階段。

【小藥與大藥的產生】

所謂小藥，卽黏狀之氣凝固成球狀。小藥爲大藥的基礎，又根據傳統性的說法，作小藥對任何疾病（包括癌症在內）都有功效。

所謂大藥，是作完小藥後，再作三百周天（遵守小周天的作法，旋轉三百次）而言，又大藥是作出神的基礎。

學會小藥時，口中的唾液減少，並發出芳香味↓周圍好像籠罩著一層很亮的霧↓出現明亮的光線，而且在丹田與鼻間上下移動↓這種光線開始繞著肚臍旋轉，並且逐漸加快速度↓最後形成球狀，同時生殖器開始收縮，這個階段幾乎不洩精。

相反地，大藥出現三次很亮的光線，稱爲「陽光三現」，最後形成火焰一般的圓狀熱球。

完成大藥修行後，男性會出現馬陰藏相，女性則出現斬赤龍的狀態，進入這個階段時，完全不會洩精。

所謂馬陰藏相，前面曾介紹過，卽睪丸或陰莖像幼童那樣不洩精的狀態。所謂斬赤龍，即乳房變爲平坦，而生理現象完全停止的狀態。這兩種現象都在使人恢復少女、少男時代的生理狀態。

茲將仙術書中，有關大藥和小藥的說明，整理如下。

小藥

①丹田一帶好像有一層霧。
②全身罩在一種光線之中。
③鼻子與肚子間，有白色光線，作上下移動。
④肚臍處，產生一塊氣，且向右旋轉。
⑤產生小珠狀物。
⑥開始馬陰藏相（開始）。
⑦產生眞息。

大藥

①出現霧狀物↓陽光一現。
②周圍充滿亮光↓陽光一現。
③出現很亮的光線，且在丹田和眼睛間，作上下移動↓陽光二現。
④好像有某物向丹田移動，最後繞著肚臍旋轉↓陽光三現。
⑤形成像龍眼一般大小的珠狀熱球。
⑥成爲馬陰藏相（完成）↓陽光一現。
⑦呼吸變爲眞息↓陽光一現。

綜合來看，大藥和小藥的內容大同小異，所不同的只是第六項，小藥的馬陰藏相剛剛開始，而大藥的則已完成。

關於這一點，於柳華陽所著《大成捷徑》一書中，曾談論到作大藥的階段，由陽光一現開始，如果未能產生馬陰藏相，便旋轉氣三百次。

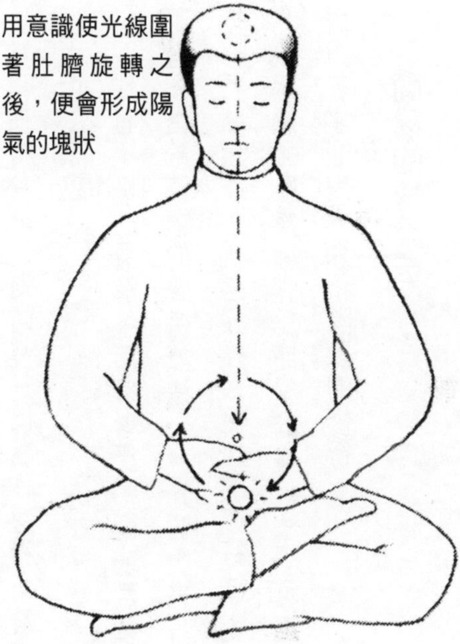

用意識使光線圍著肚臍旋轉之後，便會形成陽氣的塊狀

亦即不作小藥而看到光線時，便將陽氣轉三百次，如果已出現馬陰藏相的狀態，便能作大藥，書中並未談到作小藥的方法。

趙避塵認爲小藥是未完成大藥前的階段，而且在收縮馬陰藏相其中之一（陰莖或睪丸）後，才會發生小藥。

談論小藥和大藥時，會產生兩項疑問：

第一，是否小藥和大藥都需要練習？

第二，進入馬陰藏相的階段時，是否無法再進行性行爲？

作者研究前者（柳華陽）的著作，發現柳華陽主張只須練習其中之一即可，同時發現除了伍柳派和西派之外，其他門派都只作一種。

再研究後者（趙避塵）的著作之後，發現他並不主張百分之百禁慾，只主張某種程度的禁慾。

作者不採此見解，而參考房中術或西藏秘教的作法，編成一套陽氣的修行法，不過，由於篇幅的關係無法一一介紹出來，在此只在自己所編的修行法和傳統的仙術修行法當中，挑選幾種最簡單的修行法，作綜合介紹。

不過，雖然稱它爲簡單的修行法，實際修行起來仍不簡單，必須下定決心、有耐力，才能完成採藥階段的修行。

簡易的採藥法

①練習大周天之後，冥想時四周籠罩著一層模糊光線的狀態，稱爲「虛空生白」狀態，接著再修行陽氣，使陽氣成爲黏狀。

②假使瞬間產生強烈光線時，使用全身周天中的收縮法，用意識使陽氣凝縮。

③漸漸地，搶眼的光線逐漸消失，因此，將意識集中於這些光線，加強光線的

強度。

④以後，這些光線以肚臍爲中心開始旋轉，最後，形成一個圓形球狀。

⑤有些人所形成的不是球狀，而是密度很濃的陽氣球塊，又不繞著肚臍作圓型旋轉。

總之，經過這些階段之後，將陽氣導引經過脊椎骨，提升至頭頂的泥丸作溫養，然後將陽氣降到丹田。

經過這些階段之後，繼續修行時，這種光線的幻想愈來愈黏，而漸漸形成很大的陽氣塊狀。到達這個階段時，接著便進入修行的最高階段——陽神階段。

第六章

超越時空的仙術秘訣和精華

修行出神時會出現分身

【產生陽神】

當大周天的最後階段，陽氣出現黏狀氣塊時，接著開始修行陽神。

這種氣塊出現之後，可以保持四十六小時，同時好像自己的形體在體外一般。

修行陽神的階段，不必集中意識，因爲天地之氣陸續進入頭部和腳底，假使未出現這種狀態，必須繼續作大周天的練習。

這種氣的塊狀，仙術稱之爲「仙胎」。

進入陽氣階段之後，出現各式各樣光線的幻覺，同時這些光線也進入仙胎，仙術書中有很多關於這些光線的形容詞，如玉蕊金花、五氣朝元、三花聚頂、赤蛇歸神、天花亂墜……等，將之比擬眞正在飄落的花瓣，或正在上升的煙，或盤繞在身體上的大蛇，以自然界各種景觀，或以內部能源的狀態來形容它。

五氣朝元圖。形成仙胎時，能夠看到如圖所示那種光線的幻覺，不過，應克制自己避免受其迷惑。

不過，這個階段和超自然現象一樣，不可太過躭溺，否則反而會被這些東西擺佈。

接著，將仙胎從丹田移到黃庭。

應注意的是，將自己的形體凝縮爲很小，放在仙胎之中，同時又應特別留意的是，儘量將幻想化爲自己的形狀。

這項修行相當困難，不過，仍然有一些人能夠很快學會。譬如，一位中學老師E先生，由於他本身學過瑜

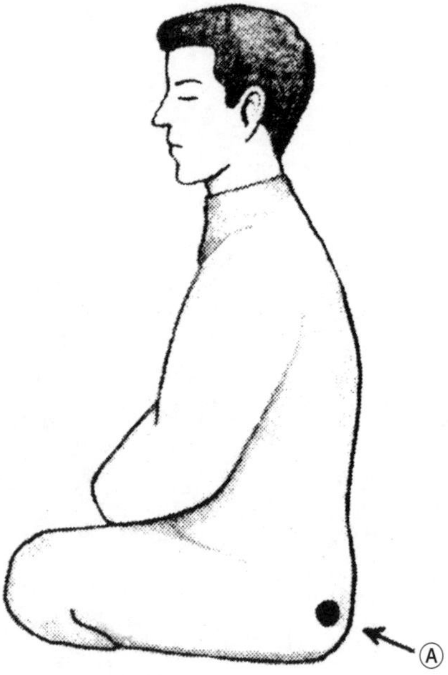

伽的冥想法，因此，第一天修行時，陽氣便提升到尾骶骨，之後他便自己練習仙術。有天，他寄一封信給我，內容如下：

「（前略）採武息而腹部用力時，下腹部覺得有一點暖和，而當我收縮肛門想導引陽氣時，覺得意識被下腹部吸引著，好像與肉體分開，而下腹部以下猶如泡在澡堂中一般，全身非常舒服。

這時候感覺肉體與意識脫離，如上圖所示，意識集中於A點，而肉體好像一間大房間，當意識中的我往上瞧時，能夠看到自己的頭部和胸部在遠遠的上方。以前，這種情形偶而出現，可是最近經常出現……（中略），當氣到達尾閭時，意識的我逐漸變小，好像黑暗宇宙中的一顆小星星一般。」

最後所寫的內容，看起來與瑜伽的冥想狀態非常相似。

以下是他的另一封信：「當意識凝集於丹田時，肉體存在的感覺逐漸變爲淡薄，好像身體離開地心引力一般，奇怪的是，當我想像光線時，四周馬上出現一片幻想的光線，也許這是一種魔境，不過我仍然利用它進行自我暗示……。」

他所寫的，正是本書對於陽神修行所要談的說明。

【孕育陽神】

於黃庭繼續作幻想修行許久之後，仙胎會變成陽神，並且能看到人的形狀，仙術稱之爲「嬰兒狀態」的陽神，並將這個階段稱爲「十月養胎」。

學好陽神之後，頭頂出現明亮的光線，從頭頂穿入體內到處移動，仙術稱這種現象爲「赤蛇歸神」。

出現「赤蛇歸神」之後，明亮的光線由腳底湧上頭頂，接著像片片花瓣一般，飄在空中掉到地面，仙術稱這種現象為「天花亂墜」。開始天花亂墜時，中丹田（黃庭）的陽神陸續升到上丹田（泥丸）。

陽氣移到泥丸之後，萬一滯留頭頂時，便在此處強化意識，之後強烈的光線開始閃爍，接著「波！」的一聲，頭頂被打開，此乃形成打開頭頂的眞通。

作積極型大周天或緩慢型大周天的途中，產生一股積極型陽氣往上衝的人，頭頂很容易打開，不必練習上述作法，只有作緩慢型大周天到最後仍然無法打開頭頂的人，才須練習。當頭頂打開時，先將光線放出來，再緩緩地將陽氣陸續放出來，如果心裡覺得害怕或勉強時，陽氣便很難放出來。因為陽神平常與意識共存，外界對陽神來說，是一個完全陌生的世界，因此心裡難免覺得害怕。

仙術書中有一段記載說，第一次出神時，你可能覺得眼前出現西王母面露微笑，或某位貴公子站在遠處向你招手，或看到一些人間不存在的美麗景觀，或聽到一陣美妙的樂聲，可是，千萬別被這些現象迷惑住。

因為這些只是形成超自然現象或形成潛意識的幻覺，好比外星人從飛碟走下來，或裸體美女站在眼前騷首弄姿一般，只是心理上的幻覺而已！

如果被這些現象所迷惑，剛剛形成的陽氣，便會化爲烏有。

除了注意這些幻覺之外，另外應注意的是別在壞天氣將陽氣放出來，比如霧氣重、雨天、暴風雨天、雷雨天的時候，因爲陽神易遭這些強烈能源現象破壞。

所謂陽神，並非意識的產物，而是一種能源，關於這一點，能夠放射出星氣體的人，也會談到同樣的情況。所謂放射星氣體，乃仙術出神中一種脫離肉體的方法，不過，與一般脫離的方法不太一樣。

依據他們的說法，放射星氣體時，四周空氣必須乾燥、晴朗、氣溫高，如果在雷雨天氣練習，功效會受到影響。

萊亞爾·華特遜（英國人類學及心理學者）認爲這種星氣體，係由電流或電磁氣構成的。

陽氣剛形成時約三寸（十公分）左右，氣勢虛弱，可經由出神的修行強化陽神，有些仙術書稱這個階段是鍛鍊陽神的階段（練神的修行）。

古代仙術書雖然都談到這一點，不過各派各人所主張的作法不太一樣，不過，相同的是他們都主張在三年内完成修行。

爲何指定三年修行呢？可能與人在出生後三年才能自己吃飯有關，因此，這段期間又稱爲「三年哺乳」，亦卽三年吃奶期。

【強化陽神】

經由出神強化陽神的方法，因人而異，爲讓各位讀者參考，茲介紹《大成捷徑》中最典型的二種方法。

首先談論達摩大師所說的方法（**由印度來到嵩山少林寺的有名大師**）。

「必須注意陽神的出入，儘量避免在刮風、打雷、氣候炎熱的日子修行，如此，繼續作三個月，意識自然強化。

作出神時，第三個月時每天一次，不過，晚上不可練習，經過半年時，一年作三次，經過一年後，每天作七次，又這些時候只讓陽神在身體四周走動。經過兩年後，不僅是白天，晚上也可以練習，而陽神也能走出屋外，在房間附近走動，經過

三年後，便能使陽神瞬間走一里、百里、千里，甚至是萬里。」

東華帝君（丹鼎派的始祖）甚至主張：

「作出神第七天以後便能每天來回走一步，第十四天以後每天來回走二步，第二十一天以後，每天來回走三步，第二十八天以後，每天來回走一里，第三十五天以後，每天來回走二里，第四十二天以後，每天來回走三里，如此第一、二、三年時，各能來回走百里、千里萬里。」

再提醒各位一次，作出神時必須選擇氣候溫和的晴朗天氣，儘量避免陰天、刮風、打雷的日子。經過三年修行之後，陽氣變爲堅固，可以宇宙爲家，天地山河爲床，並能日行千里、遨遊世界各國、通天達地，也可以自由出入黃金、寶石的世界，又可以變成各種形象。

茲將這兩種典型的修行法，整理爲左列所述的訓練法。

將剛產生的陽神放在手掌中，由於這時陽神非常虛弱，所以，一方面要小心修行，另一方面則由出神的修行來逐漸強化陽神。

出神的訓練

(1)出、入：

用意識由頭頂發出光線，將陽神全部罩住，並訓練陽神出入。

＊注意：作出神時，克制自己別受眼前所出現的人物、聲音迷惑，同時情緒保持安定別害怕、驚慌。並且避免在雨天、下雪天和刮風日子進行修行。

(2)次數：

學習作出神第三天以

後，每天作一次，第六天以後，每天作三次，半年以後每天作五次。

經過一年之後，每天作七次，從初學到現在，只在白天作出神，晚上不作，第二年以後，除了白天以外，晚上也可以作。

(3)**距離**：

第三個月以前將陽神放在頭頂稍上方，第三個月之後，讓陽神在身體四周走動或做作體操，經過半年之後，讓陽神在屋外附近走動。

第二年以後，讓陽神走得更遠，詳細地說，第二年最初，走約十五公尺再回來，第三個月以後，走出去約一百公尺再回來，第六個月以後，行約一公里再回來，如此陸續增加距離。

第三年以後，以三個月爲一個單位，逐漸拉遠距離，比如，最初三個月走十里，第二個三個月走百里，而後半年走千里。

＊注意：出神時，必須看四周的景物，否則出神與幻想並無二致，假使看不清四周景物的話，千萬別讓陽神走得太遠。又利用陽神的手或身體觸動實物，可試驗一下陽神對外物有無觸覺的反應。

作者的訓練方法與傳統作法不太相同的是，我訓練陽神能在身體前面坐著、站著，或者讓陽神的手腳上下移動。

這時，雖然自己坐著不動，可是當陽神抬高它的左腳時，自己的左腳也有向上抬的感覺，而揮動右手臂時，自己的右手臂也有種揮動的感覺；又當陽神的手、腳碰到屋內傢俱或書時，很奇妙地，身體也有種直接碰到那些物體的感覺。

歷代神仙中，能作出神的人相當多，由於各人能力、作法不同，感覺也不相同。目前，台灣也有許多修行者，正在修行出神，不過他們的修行法，和古代完全不同。

又由於近代人工作忙碌，無充分時間修行，因此大多無法學會出神，即使成功學會出神，所出現的也只是陰神，並非陽神。

關於陽神與陰神的差別，在趙避塵神仙所寫《性命法訣明指》一書之中，曾有如下記載：

「陽神擁有物質的自己，散則爲氣（能源的狀態），聚則爲形，此乃先天中的先天之氣亦稱爲純陽氣，此陽氣由五眼六通（六具神通）構成，任何人都能夠與它交談，它也能像人類一樣吃東西。

所謂陰神，只在靜坐時才能產生，它是一種靈氣，它可看到別人，別人却看不到它，也不能與它交談，而它也不能吃東西。」

由此可見，陽神與人體相同，都是物質性的能源體，相反地陰神，乃普通稱的靈，它是一種超自然的幽靈體。

依作者本身的經驗，以及與數位能作出神的修行者談話之後，所得到的結論是出神修行不容易學會，又我們一致認為學會陽神時，能夠產生一種氣（能源）的現象。

出神和幽體脫離的體驗

【幽體脫離的體驗者】

幽體脫離的狀態與出神的狀態很相似。所謂幽體脫離，是意識從身體脫離的現象，依體驗者的說法，當幽體脫離身體時，會感覺身體就像空氣一般浮在半空之中。

筆者在作出神修行前，曾聽過幽體脫離這個說法，心裡一直渴望體驗其中況味，也很想知道究竟它與出神有什麼不同。

可是，那時候所遇到的修行者，不是半途而廢，便也只是感覺上離開肉體而已，因此無法瞭解它和出神有何不同。

可是，當作者能作出神時，却遇到許多幽體脫離的體驗者，由於他們的適時出現，給予我無限的修行助益。

其中有位體驗者，是一位女性靈媒者，到我這兒學習仙術。

據她說，她頭一次體驗幽體脫離是在十年以前到外國旅行時發生的。在某一天的旅途中，她爲了找刺激便服下一些藥物，服藥後覺得口乾舌燥很想喝水，但是身體很重無法站起來，但是實在很想喝，於是她拼命掙扎，最後終於站起來走到另一房間中，扭開水龍頭喝水，然後折回房裡。

可是當她走到房間門口時，赫然發現自己還坐在原地，心裡雖然覺得奇怪，可是還是向「自己」走去，然後進入自己的身體，當「我」坐下來之後，對肉體的感覺才逐漸恢復。

除了感覺到自己脫離「肉體」之外，她還能強烈地感覺到扭開水龍頭和淸水的甜味，只不過覺得身體非常重。

之後，她又體驗一次，第三次體驗，則是應某電視節目的邀請親自在攝影機前表演在節目當中，她依主持人的要求，到主持人家中和附近看一看主持人家中擺設、附近招牌的內容等。

據她說，那時候身體好像浮在半空中看地下的景物一般，視線變得狹窄，身體覺得沈重，而大地好像秋天的傍晚一般，蒙著一層黯淡的暮色。

當她回到攝影機前，又進入身體，恢復平常的意識之後，便將她們看到的風景以及招牌的內容說出來，當她說完之後，主持人面露驚愕，嘖嘖不已。

【各種幽體脫離的體驗】

同時又有一位指壓治療師到我這兒學習仙術，雖然他在修行方面進步緩慢，可是他對氣非常敏感。

有一天，作者請一些修行者一起來參觀靈光和想像光線的練習，爲了使每個人看到其他人的靈光，便請他們站在牆前，當進行練習看見其他人的靈光時，筆者忽然想著，能否以意識控制別人的靈光。

因此，便以那位指壓治療師爲實驗對象，筆者站在離他數公尺遠的地方，伸出單指由指尖發出強烈的意識光線，奇怪的是他的生體場隨著作者所發出去的光線而移動，看起來好像生體場離開他的身體一般。

接著，試著將他的生體場再往上拉，想不到他的靈光眞的隨著升高，爲了避免他的靈光往下降，因此，發出更強烈的光線，使他的靈光隨著我手指尖的移動往上升。

這個時候，我問他有什麼感覺，他回答說，身體好像一直往上升，而筆者的聲音好像變得愈來愈遠，這時候也覺得他的聲音愈來愈遠，問其他的人時，他們也有同感。

最後，將他的靈光拉至碰到天花板的地方時，他的聲音好像從非常遙遠的地方發出來一樣，而且，他一直說他的頭好像撞到了某東西。

這時候，作者和其他人看到天花板有一具放出白色微光的人形，和作者指尖所發出去的一束光線連接起來。

當我將他的靈光放回他的身體，問他剛才看見什麼時，他回答說由於眼睛閉著看不到什麼，不過，從聲音和感覺上的判斷知道自己的靈體離開身體停留在天花板上。

之後，我前往士林拜訪一位教授空手道的老師，同時也認識了他的一位弟子，這個學生是一位優秀的靈媒者，擁有豐富的超自然體驗，而他的妻子也是一位幽體

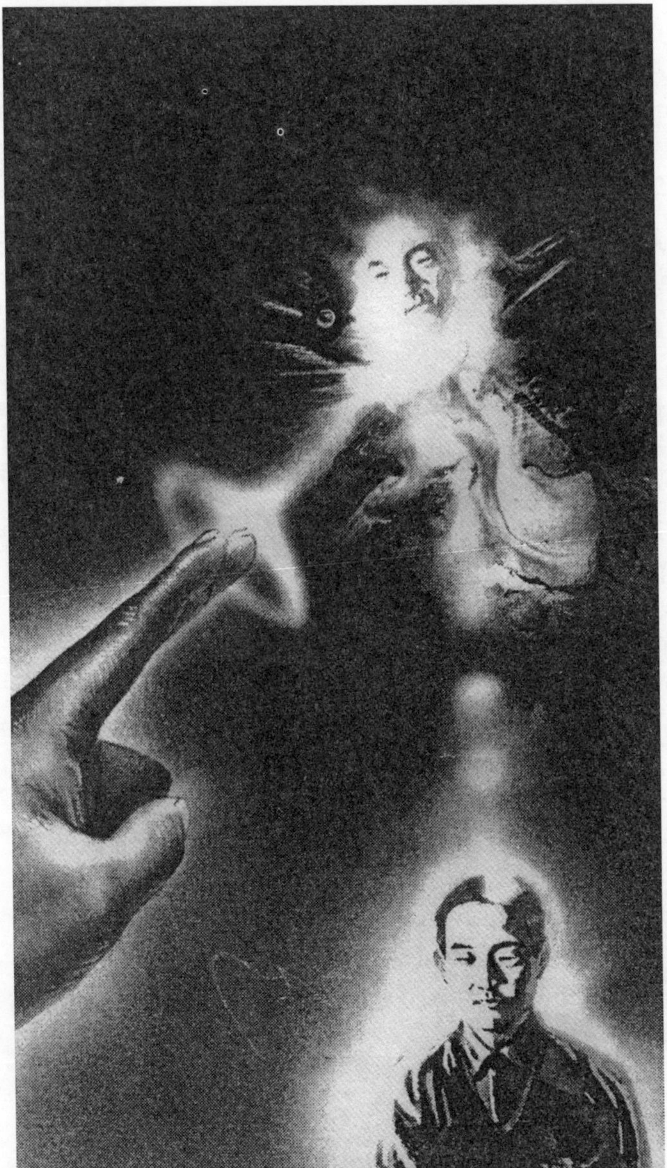

脫離的體驗者，他們夫妻倆同拜那位老師門下學習空手道。

在某個機會裡，我請教她關於幽體脫離的體驗。

她回答說，有時候在馬路上走，可以在半空中看到自己夾在一群人當中走動；或者練習空手道時，偶而能從空中看到自己在武術館內與其他同學練習空手道的情形。

這也就是說，除了坐著、睡眠時，她的意識能夠脫離身體之外，運動時、走動時，也能隨時隨地讓自己的意識脫離身體。

一般人只在坐著或睡眠等靜止狀態時，才能使幽體脫離身體，因此，聽完她的經驗，不禁覺得十分驚訝。

過去，我一直認爲肉體呈靜止狀態時，才會發生幽體脫離，可是與她交談之後，觀念大爲改變。

德國大文豪歌德在他的著作中曾經談到他自己也曾在動態中有過這一類的經驗，由此可見，有過這種體驗的人相當多。

總而言之，我遇過許多幽體脫離的體驗者，不過，大多數都發生在冥想或睡眠之中。

茲將筆者所聽到的體驗，歸納爲如下數種狀態：

(A)脫離身體的狀態。(B)脫離身體之後如何感覺自己。(C)脫離之後，如何感覺外界的景物。(D)脫離之後如何被第三者感覺。

除此之外還有許多類型，又有些類型在一些介紹幽體脫離的相關書籍中，已有詳細記載，因此，作者在此只介紹(D)中它與陽神的差別。

(D)的種類如下：

(1)**非物質型**：本人可以看到其他的人，可是別人無法看到他。這是趙避塵所說讓陰神作幽體脫離的體驗。

(2)**發光型**：這時發出一種柔和的光線，其他的人能夠看到本人，這種型態的幽體脫離法相當多。

聽一位年輕人說，有一天他和四、五位朋友在馬路上走時，突然發現迎面有個靈魂飛過來，他趕快閃到路邊，接著他看到靈魂進入一戶人家家中，於是，他們趕緊敲這戶人家的門告訴他們剛才所看到的情景，這時有位女僕表示說，她剛才夢見被一群年輕人追趕，這便是一個好例子。

(3)目擊人像型：本人坐在家中，可是朋友卻在別地遇見他，這種類型的人也很多。

這種現象好像作夢一般，但是這種現象不僅發生在睡眠狀態之中，清醒時也可能出現。

幽體脫離與幽靈的出現（超自然現象之一）有點類似，或者也可以說是屬於同種類型。

(4)物質化型：這種類型佔的比例較少。本人可以同時出現在離自己很遠的地方，與朋友喝酒談天，以超自然現象的觀點來說，此乃「生靈」（靈魂之一）現象，這是一種強烈物質化的狀態。

所謂降靈實驗，是利用從靈媒體放射出來的物質，使死人出現，與死人交談、握手或採指紋。

以上是第三人能夠看到幽體脫離的各種型態，這時可以看到幽體好像空氣那般，又由於各人生體場強度不同，因此出現的型態各有不同。

【幽體脫離與出神的差別】

幽體脫離和出神在技術上幾乎相同，亦卽(A)從身體出來，(B)離開身體後的感覺，(C)對外界的感覺差不多。

當然出神卽「神（意識）脫離身體」的意思，出神時氣的狀態，分爲陽神的出神和陰神的出神兩種。

依趙避塵神仙的說法，氣不充足時，便出現陰神的出神；假使氣很充足，便出現陽氣的出神。或許有人認爲能作出神的話，這兩種出神並無差別。其實不然，陰神的出神對身體的影響非常大，而且依各型態而有程度的差別，比如(1)非物質型較輕，(2)發光型較重，(3)目擊人像型更重。

假使出現(4)物質化型的話，那可就糟了。因爲(4)物質化型又可稱爲「複體」，如果於淸醒之時出現複體，生命可能就有危險。

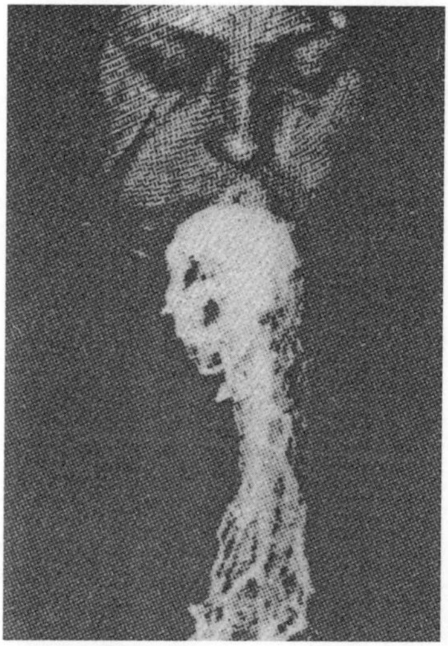

利用靈媒體放射出來的物質，據說每使靈產生物質現象一次，便會消耗許多體力。

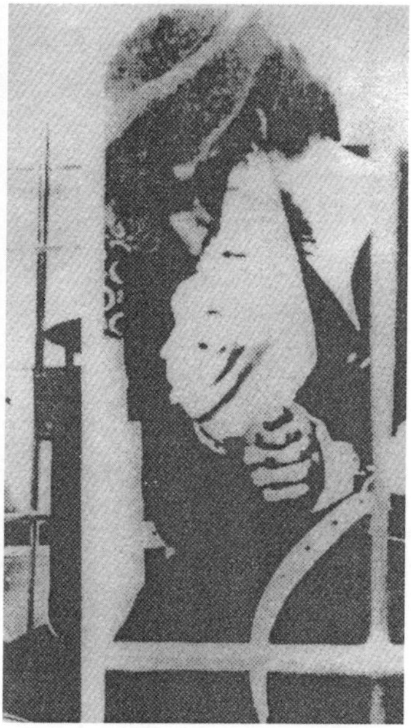

依據能發出靈媒物質，使幽體成爲物質化的靈媒者表示，發出一次物質化靈媒物質時，體重會減少數公斤，甚至無法在短短數個月之中恢復過來。

這一類身體不適的人，大多在普通狀態時（清醒時），經驗到幽體脫離。相反地在睡眠中、冥想中或假死狀態，嘗試幽體脫離，身體則不會感覺不舒服，即使身體覺得不舒服，也是輕微的感覺而已。

因爲睡眠或冥想中作幽體脫離所耗精力不多，所以對身體不會有多大害處；相反地清醒時作幽體脫

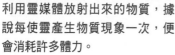

離耗費太多精力，再加上幽體脫離的緣故，對於健康往往產生很大的損害。

又隨著幽體脫離的型態，精力消耗的情形也隨之不同，比如有個能放射星氣染體的神學家表示（屬於(4)物質化型），當他們放射星氣體時，本人呈假死狀態，又短期間內繼續放射三次以上的話，可能危及生命。

這種情形和俄國蜜海樂娃女士的力量很類似，她能以念力來左右物體，當她使用念力時，體重就會減輕四公斤，在數十天後才會恢復原來的體重。曾有醫生在她作完實驗後爲她作身體檢查，發現她的身體彷彿曾受到強烈心理壓抑一般。

通過陰神所作的出神（幽體脫離）卽是使用自己所有的精力來脫離本體，這也是超能力的一種，在這時候，籠罩著先天之氣的能源場，很可能因此脫離身體。

若是精力充沛的人作出神，當不致於產生危險，如果身體虛弱又經常作出神，則很可能會對本身造成一些傷害，作者曾親眼目睹這種情形。

通過陽神所作的出神與通過陰神的最大差異，卽陽神是爲了維持自己身體精力以外的東西所形成的能源體，也可稱之爲能源場。

從小周天集中氣再將之濃縮，而後吸收外界的氣，構成一濃厚的精力，這就是所謂的能源體。

所以脫離自己身體與否，並不造成影響，這種能源體濃度高，已經接近物質化了。

筆者發出陽神時，並沒有產生幽體脫離中所敍述的小非物質型，偶而成爲(2)發光型，或者成爲(4)物質化型，但這些情形並不常見。

因爲陽神和幽體脫離完全不同，身體和陽神都有意識的存在，彷彿在同一時間意識到兩個身體的存在，當然也有些人在覺醒狀態能作幽體脫離，和筆者有相同的體驗，但這並非仙術所特有的現象，它不像仙術已成了體系化。

超越時空的秘術

【出神所出入的世界】

修習仙術而學會出神的人，能在瞬間走幾千里或幾百里，例如伍仲虛、柳華陽、趙避塵等，他們都是優異的神仙，這些情形對他們來說是輕而易舉。

近來也有人能達到這種境界，傳說這種人能從台灣過海到日本，看看自己想看的商店招牌，再回到台灣來，他們在晚上也能看見海。

韓國以仙術聞名的國仙道青山巨師，也經常使用出神術去看他在山上的師父。

由於筆者非常忙碌，無法運用出神術到遠方去，只能在附近地區散散步。若發生緊急情況，陽神在無意識中也能飛到遠方，經過調查，大約可飛數十公里之遠。

有些人雖能作出神，但並不理想。某些人在覺醒狀態可以出神，而有些人却在冥想中出神。

例如，有一位女性冥想家經常在睡覺時出神。筆者自認得意的也是在睡覺時出神，也就是卡爾洛斯・卡斯脫野達（美國人類學家）所謂的「夢見術」，作者能自在地控制夢境。

當作出神時，不只在瞬間能到達遠處，甚至能把陽神縮小而在所有物體中出入，筆者曾單獨或與能出神者同行，一起進入寶石、名畫、瓶子、金屬等物體中，參觀這些東西的內部景象。

經過實地觀察所得的印象，發現每種寶石都有不同的特色，例如水晶，它好似玻璃所構成具有魔力的城堡，靜止在水中，四周像鏡子般閃爍著光芒。

更有趣的是寶石原石，在表面看來彷彿置身於山丘中，一進入其中就像在閃爍的洞穴中漫步一般。

而進入繪畫中就不那麼有趣了。在進入顏色鮮艷的印度宗教畫中，雖然看見了神的寺院，但看來薄而不眞切。

不過，在進入密教的曼荼羅或仙術的五嶽眞形圖時（仙術曼荼羅，以五聖山為象徵），好像置身在光線閃爍的漩渦中，眞是太美妙了，作者根據親身體驗，認爲

宗教畫的景象較一般畫吸引人。

而更神奇的是，進入水中或有香味的物體中時，能體會到水冰冷的氣息，或聞到物體的芳香。

在冬季時，作者曾和同道一起進入玻璃杯的水中，首先到達玻璃杯的邊緣，凝視著其內的水面，此時作者和同伴攜手進入水中，不只陽神感覺寒冷，身體也有冰冷的體驗，而後感到自己處身於容器中，雖然事實上身體並沒有在水中，而作者的同伴也有相同的感受。

筆者曾帶領一個有靈感的人，一同進入有蜂王漿的瓶中，他們先看到大瓶子的圓形瓶口進入其間則聞到特有的酸甜味，而且自己身體感覺到黏黏的，但身體並沒有眞正在液體中，所以筆者感到非常驚訝。

此時筆者牽著同伴的手，將陽神縮小，瓶中模糊閃亮的景象，最後變成類似蜥蜴背部的鱗狀，或是三角形的網目，筆者要同伴仔細觀察，待出去後好印證一下兩人所見是否相同。

這些景象後來就像發光的粒狀東西互相連接，形成浮在宇宙中的星星，然後靜止了。筆者和同伴回到自己身體後，將所見畫在紙上。

結果意外地發現，蜥蜴的花紋與發光的顆粒兩人所見相同，但最後靜止在宇宙中的星星則已遭遺忘了，因爲這種景象只有五至十秒，所以記憶中已不存在了。

這種情形就好像剛自夢中醒來，而已忘了夢境的詳細內容，眞是令人迷惑，或許在進入一般人所無法體驗的水中世界時，暫時失去記憶也說不定，這是出神時常有的現象。

【神仙是否為時空的旅行者】

在古代仙術書中，也有這些神仙故事的描述，表現出神仙們所進出的「自由自在的世界」，例如東漢時代的壺公和費長房等是。

在汝南地方有一神仙名壺公，他隱藏自己的身份，開了一家藥舖，在他家裡的天花板上吊了一個壺，夜晚一到，他就關上店門進入壺中，這個壺大小如酒瓶，常人是無法進入的。

有一天，官吏費長房無意中發現了這種情形，知道壺公非凡人，此後他經常在壺公店前打掃，並送食物給壺公，壺公對費長房的表現不動聲色，終於有一天，他了解費長房的存心，招待他到壺中，費長房進得壺中，彷彿置身宮殿一般，他看到了高樓、大門、長廊，壺公還有數十位使者。

壺公對發呆的費長房說，他過去是天庭的官吏，因怠慢職守，被貶降凡界，並且還說，費長房能巧遇神仙，是一大福氣。

兩人喝酒過了一段快樂的時光。壺公請費長房一起去旅行，費長房很高興地答應了。壺公給他一根青竹，要他把青竹放在床上。

費長房將青竹放在床上以後就離家了，而家人却發現他已經死在床上了。此後，他跟著壺公到處遨遊，並修行仙術，後來修行不成而返回家中。

唐朝的《玄異誌》也會提到一個叫胡媚兒的男人，他身上帶著一個透明的玻璃瓶子，若有人給錢，他就讓參觀者進入瓶中，當觀賞者把錢放到瓶口，錢就被吸走了，起先還發出響聲，聲音漸漸變小，而錢也消失了。數十枚銅錢一起放進去，情形也是一樣。

一天，一個隨行數千輛馬車的官吏路經此地，他問胡媚兒能否將馬車吸進瓶中，胡媚兒將瓶口對準馬車，馬車一下子就被吸走了，再將瓶子直立後，發現馬車在瓶底打轉，最後成漩渦而消失。

觀衆目睹這種情形都愣住了，官吏要求胡媚兒將馬車弄出來，胡媚兒回說，收入瓶中的東西無法復原，官吏生氣地拔出劍來，胡媚兒很快的跳進瓶中消失了，官吏抓住瓶子往地上砸，瓶子破了，但馬車和胡媚兒依然不見。

胡媚兒所擁有的玻璃瓶並非普通瓶子，可以經由它到達第四度空間的世界。

竹林七賢的古畫。這幅修正過的古畫裏有柳城。這在仙術裏，被認為是沒有不可能的事。

另一叫柳城的秀才也曾進入竹林七賢的畫中，並且改變了畫中的一部分，他在圍觀者面前入畫，修改了七賢中阮籍的部分，又從畫中出來。當然他在畫中並沒有被人看見，人們只能聽見他的聲音。

古代神話傳說中有位太玄女（顓和），有一天算命先生爲她看了面相，認爲她可能不會長壽，太玄女因而希望學習仙術，終於在長時間的練習後，學會了王子喬（太子晉）的仙術。

她能浸在水中而身體不

濕，冬天時無論多寒冷的天氣，她總是穿著很單薄的衣裳，並且還具有其他特殊能力，例如她能以手指移動建築物，以手指弄開鑰匙，還有將小物體變得如房子般大，將大物體弄成羽毛般細小。

她甚至能使自己成爲一個小孩，或是一老態龍鍾的長者。

太玄女經常帶領弟子在山中步行當黃昏一到，她只要以手杖敲石頭，石頭就如門一般開啟了，其中房間、傢俱、棉被、毛毯、酒等一應俱全無論她旅行到何處，這種情形都會出現。

以現在的眼光來看，可能她懂得如何開異次元空間。

在一九七一年，加拿大的瓦茲德爾區有一傳說，田野中會突然出現閃爍的四角形門，異形人由此出來撿拾地上的小石頭，在目擊者一不留神時，異形人就消失了。

一九七七年十月在英國德爾區也出現同樣情形，這是一個小島，它突然出現了霧般的四角形門，有些人在此出入，當門關起來後人就消失了。這件事或許和飛碟有關。

由此觀之，古時仙術較現代要進步得多，因爲超越時空對現代人來說，畢竟仍然只是一種想像，而仙術可以說已進步到超科學的境界。

【修行的最後階段，使肉體消失】

上面所談論的幾個故事，都是以身體來進行，並沒有利用到陽神，只要學會出神術的前階段（還虛）後，就能作得出來，亦即將本來的氣還原至身體中。

在仙術書中曾有此記載，如果陽神如身體一般，而要將身體變成陽神，這種作法稱爲「氣化」。以伍柳派修行而言，被完成的陽神放進身體中，將之長時期震動使身體氣化，稱爲「面壁九年」。這種修行必須尋找風水術上所

仙術最後的階段是成為超越肉體與時空的人物。

謂之「洞天福地」來作才行，據說在洞天福地中修行會很快地完成。所謂「洞天福地」能噴出良好的地氣，再加上震動，自然能幫助氣化。

以中派而言，他們不煉丹，也不作陽神，直接以還虛修行，使身體氣化。

由於身體和大地之氣合爲一體，人也超脫了，這就是「練神還虛」的階段。

老子曾說：「身體存在是我最大的煩惱，如果身體不存在了，那還有什麼煩惱呢？」這些話不無道理。人由於住在天地自然中，難免沾惹些世俗人爲的問題，隨時可能發生災禍。人生果眞像在斷崖上走鋼索一般，岌岌可危。

經由仙術的修行，使身體消失，就不致有這些困境，能自由自在往來於天地之間，修鍊至此，才稱得上「神仙」。

仙術雖然使肉體消失了，但人不會永遠消失的，或許各位認爲他們到了靈界或神界去了，事實不然。

神秘學或宗教所談論的世界，和現在的世界是相同的，它們經由構想而被創造，擁有和現在世界相同的能源，但他們並沒有實體，這是人類用意念所造成的假象世界。

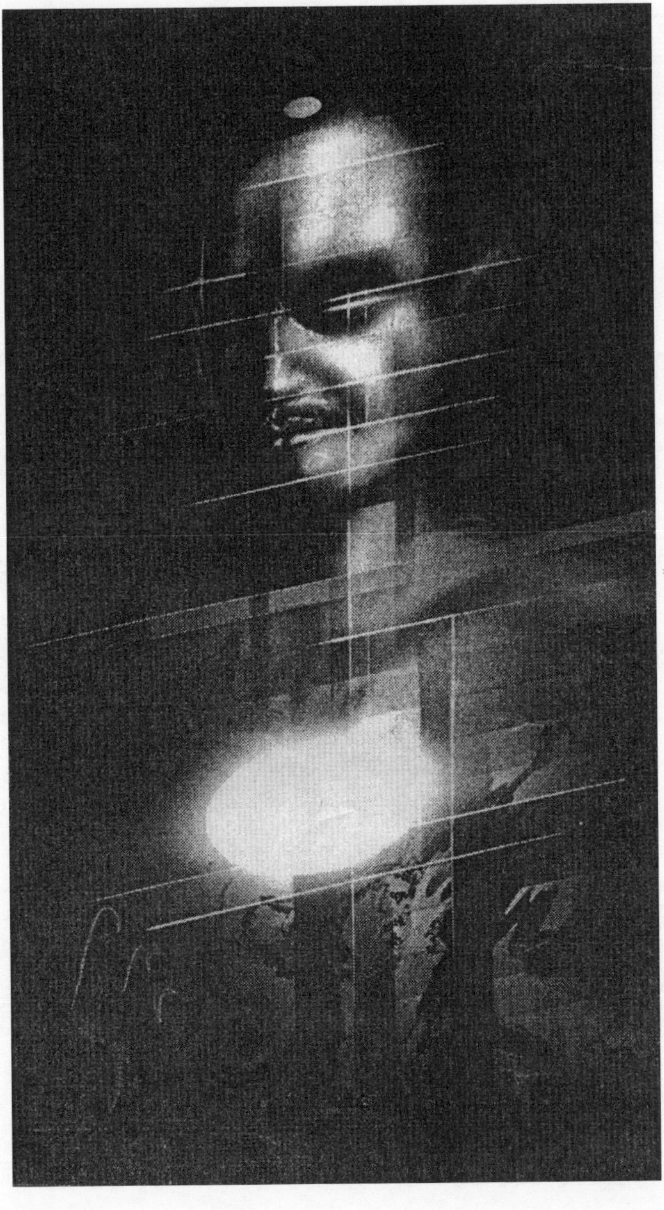

當然這個世界可能存在於我們的世界以外之地，但它根本的意義是「無」，而且自己的身體或是意識在本質上也不存在，現代的物理學也承認這種說法，甚至下了一個定論，那就是古物理學所說的物質（包括我們的身體）都是不存在的，如果有也只是以各種現象出現又消失的光子粒子而已。

所謂還虛就是在這種狀態下進行，將自己身體恢復過來，能達到此境界，即使身體毀滅了，也不會永遠消失。

仙術冥想能使人進入各種世界，經過出神所獲得的對外界體驗，只不過是進入各種世界的一部分罷了。

仙術能使我們進入從未到過的空間，或是不含任何物質的雲中世界，有時進入充滿光線的漩渦裡，或在物質化夢的世界遨遊。若是整天冥想時，突然回到現實世界來，你會發現物體的移動奇慢，世界的顏色有些晦暗；想喝水時，必須走到飲水器旁，扭開水龍頭才能體會它的滋味。

而冥想的世界中，你想要的東西馬上就能實現，此時，你會覺得現在的世界太不自由自在了。

自由自在的世界即是靈學家所謂的靈界，最好讀者能修行仙術以期親身體驗。仙術修行法非常深奧，且修行的階段是無限的，以至最後自己也了無痕跡，與仙術本質合而為一。

仙術是超自然的，其中無我、他之別，有、無更不存在，此乃所謂的「虛空」。如此方能產生物體，構成一切本質性的功能，當所有物質成一體時，稱為「還虛合道」，修鍊及此，世界再也不存在了。

這種狀態無法以言語來形容，只有讀者修行仙術才能眞正體會。總之，依著本書介紹來修行，終有一天會達成此種境界，望各位讀者勉力為之。

秘法！超級仙術入門

原 著 者｜高藤聰一郎
編 譯 者｜陸明

發 行 人｜蔡森明
出 版 者｜大展出版社有限公司
社　　址｜台北市北投區致遠一路 2 段 12 巷 1 號
電　　話｜（02）28236031．28236033．28233123
傳　　真｜（02）28272069
郵政劃撥｜01669551
網　　址｜www.dah-jaan.com.tw
電子郵件｜service@dah-jaan.com.tw

登 記 證｜局版臺業字第 2171 號
承 印 者｜傳興印刷有限公司
裝　　訂｜佳昇興業有限公司
排 版 者｜ERIC 視覺設計
初版 1 刷｜1993 年 9 月
3 版 1 刷｜2024 年 3 月

定　　價｜320 元

國家圖書館出版品預行編目 (CIP) 資料

秘法！超級仙術入門／高藤聰一郎著；陸明譯，
——初版——臺北市，大展出版社有限公司，1993.09
面；21 公分——（超現實心靈講座；3）
ISBN 978－957－557－395－9（平裝）
1.CST: 術數
290　　82006274